THE HAPPINESS TRACK

HOW TO APPLY THE SCIENCE OF HAPPINESS TO
ACCELERATE YOUR SUCCESS

你快樂，所以你成功

史丹佛大學最重要的快樂心理課，讓幸福化為成功力

【快樂致勝版】

史丹佛大學心理學博士
艾瑪・賽佩拉 EMMA SEPPÄLÄ, PH.D——著　陳秋萍——譯

本書原書名：《你快樂，所以你成功：史丹佛大學最重要的快樂心理課，打破6大慣性成功迷思，化快樂為生產力》

目錄

二、韌性，是最好的抵抗力

五、不做完美的人，而是接受不完美的自己

六、讓員工績效更好的「仁慈領導」

推薦序

快樂、成功，我全都要！

——那些重要卻不緊急的心理軟實力

臨床心理師、職場心理健康講師　**蘇益賢**

人們對職場的想像與期待，隨著時代不斷轉變。資深工作者成長於「愛拚才會贏」的世代之下，「耐操、好用、拚第一」的信念深植於心。但這樣拚到底的信念，卻未必是每一位新世代工作者都能認同的。調查指出，Z世代員工更為關注工作與生活的平衡，對他們來說，「經營」下班時間也是人生重要的事。

本書提到的核心概念包含：專注當下（正念）、心理韌性（復原力）、能量管理、注意力的轉換、自我慈悲與同理心，這些都是近幾年我在企業授課的熱門主題。

在我剛投入企業授課的那個年代，這類課程多半被當作選修，能來就來、不能來也無妨。亦曾耳聞辦理教育訓練的同仁表示，有些同仁覺得來上這類課程的時間，不如拿來完成更多工作比較划算。或者，因為主管沒有積極鼓勵同仁來參加，所以某些部門的參與者寥寥無幾也是常見的現象。

不過，近幾年來，這類軟性議題的訓練開始變得熱門，有些公司更將這類主題直接設定為教育訓練的必修，或者融入管理職能培訓的一部分。在這個世代，這類議題的重要性開始慢慢被看見。

時間管理矩陣將事情依據緊急和重要程度區分成四種屬性。心理健康議題其實正屬於當下容易被拖延、延宕的「不緊急但重要」的事。現在不去認識這些概念，工作、生活都還是可以過下去。不過，長期忽視心理健康也有風險。也許就在某個壓力山大的時刻，這些不急的事突然間就變成「緊急的事」——透過憂鬱、焦慮等症狀，來呼籲我們必須關注自己的心理狀態。

本書分享的工具能幫助我們從小地方開始，及早為自己的心理健康做些什麼。這些內容同時能幫助資深世代同仁們從「拚到底」的習慣中解放出來，更能幫助新世代員工們打下好的基礎，進而更能實踐工作與生活的平衡。

期待有一天，我們在職場上不僅關心一個人是否成功，也同時在意這個人在生活與工作中過得是否快樂。而在這一天真的到來之前，不妨善用本書提供的各種工具，幫助自己變得快樂，進而讓自己更有機會變得成功。

在閱讀本書時，不妨先挑選一個你最有共鳴的方法，就從明天開始，試著應用在工作與生活中，讓快樂成為自己往成功邁進的燃料吧！

前言

快樂的人
越容易成功

快樂是通往成功的捷徑

成功就是喜歡你自己、喜歡你做的事，而且也喜歡自己做事的方式。

——馬雅・安哲羅（Maya Angelou）

念大學時，有一年夏天，我在法國巴黎的一間國際大報社裡實習。除了我之外，沒有任何實習生，所以我非常忙碌。從下午兩點到晚上十一點，我在二樓和地下室之間來回奔波，負責傳遞各部門的訊息和文件。從主編到印刷工人，我幾乎與每個人都有往來互動。在二樓工作的，是一小群在辦公室裡裝有對外窗的高階主管，以及許多坐在小隔間電腦前的美國作家和編輯。在地下室的是法國報業的藍領工人，負責印刷報紙。

二樓和地下室的氛圍天差地遠，明顯至極。在二樓，你可以感覺到空氣中瀰漫著忙碌與緊張的氣息。整個樓層都安靜無聲，只有打字和列印的聲響可聞。編輯們蜷縮在螢幕前，他們大部分都身材過胖，還有著黑眼圈，每個人都自顧自地在辦公桌前吃著披薩，不跟別人打交道。但在地下室，氣氛簡直就像嘉年華般歡樂。法國葡萄酒、起司、麵包全擺在大桌子上，印刷工人們歡笑嬉鬧，空間中充滿活力。

在二樓工作時，沒人跟我講話，除非他們需要什麼東西，但是每次我到印刷間，都獲得歡聲雷動的迎接。不久，我就發現自己希望能有更多理由常到地下室，好置身在那種快樂的環境中。

在報社工作時，來回穿梭於這兩組人馬之間，讓我思考到：這裡有一群人——編輯、作家和報業工人，他們熬夜工作到天亮，共同完成並發行一份報紙。是的，這兩組人馬分別執行不同的任務，也來自不同的文化背景，但是他們的工作都必須在同樣的期限內完成。任何一組人員的一次失誤，報紙就會無法在早晨按時發送。夜復一夜，儘管挑戰當前，兩組人馬都順利完成他們的工作，可是他們的精神狀態正好相反：一組壓力沉重、過勞、看起來很不健康；另一組則快樂、充滿能量、生氣勃勃。

我相信大部分人都想和法國的報業工人一樣，既想把工作做好，也想要樂在其中。每個人都想同時擁有成功和快樂，可是這兩個目標在現今這個時代，卻是前所未有的遙不可及。

拜科技發展之賜，現代人的生活步調已經快速到令人招架不住，我們總是追趕著一個又一個的截止期限，查看行動裝置上最新的電子郵件或簡訊，更新社交媒體的狀態，瀏覽最新的網站或新聞；在忙著做這一切的同時，還要計畫晚餐的菜單、在車陣中穿梭，以及預先準備即將到來的電話會議。

此外，案子需要完成的期限越來越短，因為網路上隨時查得到檔案和資訊，便利度大為提升，所以研究的資料必須有深度又精確，你的老闆和同事期待他們的訊息和要求能立刻得到回應，消費者也需要迅速獲得更好的服務。

為了應付生活與工作上的種種需求，你可能會在睡覺時把電話放在床邊，而且一早起來和上床之前的第一件事經常就是檢查電子郵件。你也透過各式各樣的社交媒體平台，「朋友」（不論你是否認識他們，或可能根本沒碰過面）連繫，回應紛至沓來的通知、某人傳給你網紅的影片，還有上傳最新的訊息和相片，以便和這個世界保持連結。同時，不管你花多長時間、費盡多少力氣掌握他們最新的動態，電子郵件和訊息的收件匣依然爆量。你的日子是場沒有終點的競賽，在你筋疲力竭後才上床倒頭大睡，一切只為完成永無止境的待辦事項清單。

你的週末也沒好到哪裡去，可能排滿了私人的瑣事與雜務，比如洗衣、買菜，還有上班日多到做不完得帶回家繼續完成的工作。在既稀少且相隔甚久的假期中，也安排了壓力沉重的旅行、走訪親戚的行程；甚至當你度假時，仍難以拔掉工作圈的插頭，所以你會坐在泳池邊檢查你的３Ｃ裝置，以便能掌握工作的第一手資訊。在上班日來臨前，如果幸運的話，或許才有機會偷閒多睡個一、兩天。

我們就像這樣，接受「過度延展」（overextension）是生活的一種方式。我們想要成為好員工，所以我們努力工作；我們想要成為好父母，所以設法花更多時間陪伴小孩；我們想要成為好配偶，所以我們煮飯、上健身房、在下班後安排家庭生活；我們想要成為好朋友，所以參加社交活動。我們雖然已經心力交瘁，還是凡事都往自己身上攬。

當緊張的生活腳步讓我們感覺壓力沉重、精力耗盡時，我們就會自責。畢竟，似乎人人都能身兼數職，面面俱到，自己怎可認輸？於是，我們相信自己只需要努力撐下去，繼續拚搏，就能成功達陣。一切辛苦的工作和煎熬不就是為了要快樂嗎？大家不是說成功就會快樂嗎？

然而，當咬牙撐過痛苦、撐過極限後，也輸掉了我們的幸福。

你對成功的理解，99%都是錯的

近十年來，我花費許多時間和非常成功的人相處。在耶魯、哥倫比亞和史丹佛這幾所大學，我待在他們身邊學習；在巴黎、紐約、上海和矽谷，我與他們共事。雖然我的同事個個成就非凡，他們發起非營利組織、成為國會議員、撰寫暢銷小說、成為百老匯的成功演員、成立新創公司、在全世界的人道救援工作上擔任要角，又或成為華爾街的億萬富翁，與他們共事的確帶給我諸多收穫；但是看到這些「成功者」多半操勞過度，因為長期壓力過大而付出健康的代價，我也著實為他們感到心疼。這些人都極具天分，也有很大的潛能，但可悲的是，在達成目標的過程中，他們多半都耗盡了自身最重大的資產——他們自己。他們也常使員工工作超時且過勞，在他們周遭形成一種壓力文化。

我一方面觀察存在於以前的同學、朋友與同事之間的這個現象，另一方面，我也在史丹佛大學念博士班，攻讀和研究健康和快樂的心理學。當我越深入探究相關的文獻資料，就越震驚地發現，我們被教育的「成功之道」，以及文化所支持和鼓勵的成功祕訣，根本就錯得離譜。一個又一個的研究證實，我的朋友和同事，甚至包括我自己，為了追求成功和快樂所做的事，實際上是適得其反。

從那時候開始，我慢慢意識到我們正戕害使自己達到成功與快樂的能力，因為我們對普遍卻過時的成功理論信以為真。我們從小就被教導，要保持領先，就代表我們得對落在自身的每件任務都照單全收，而且還要運用無比的專注和鋼鐵般的自律，並且犧牲快樂。於是，我們猶如苦行者，為了追求快樂而陷入痛苦的深淵，許多人也成為成功卻不快樂的人。

以下六大迷思，是我們對「成功」之所以有錯誤認知的始作俑者：

迷思一：隨時保持在火力全開的「衝衝衝」狀態。

成功的人生，就應該不斷衝刺，力爭上游，讓自己保持忙碌，是保持競爭力、通往成功的必要手段。因此要隨時處於自我鞭策的狀態，秉持「加班就是認真，做越多事就代表越負責」的觀念，兢兢業業地勤奮工作。

迷思二：壓力越大，才會越成功。

如果想要成功，就要把吃苦當吃補，因為壓力總是無可避免地會伴隨成功而來。這是步調快速的生活所無法擺脫的副產品。

迷思三：堅持到底，成功就會找上門。

「堅持」是人生中最可貴的精神之一。只要鍥而不捨、永不放棄，終會有成功的一天。因此，我們必須對會令人分心和誘惑之事視而不見，就算已經疲累不堪，仍要堅守崗位，完成任務。

迷思四：發揮潛能，讓自己成為特定領域的專家。

天賦就是你所擅長的事情。要找到屬於自己的成功密碼，最好的辦法就是努力不懈，專攻某項技能，成為特定領域的箇中高手。

迷思五：不要拿自己的弱項與別人的強項相比拚。

成功者之所以成功，是因為懂得充分發揮自己的長處，避免暴露自身的缺點。所以，如果是不擅長的領域，就千萬別冒險涉獵。

迷思六：不夠成功，是因為還不夠自私。

人之所以成功，大部分都是因為他們夠自私。因此，凡事只為自身利益著想，才能成功致勝。

研究證實，這些錯誤的理論讓你與成功和快樂完全背道而馳，因為它們會造成許多負面後果，包括危及你與他人建立連結的能力，妨礙工作的創意，削弱你的能量，阻撓你的表現，還會讓你在面對挑戰和失敗時缺乏韌性，一遇到挫折就兵敗如山倒。研究更顯示，你最後也可能因此過勞，並飽受身心不健康的折磨。

想想看，在過去一年內，你是不是有過下面這些感覺：

- 讓壓力無限上綱，受困其中，完全無法尋得解決之道。
- 陷入「一定要完成待辦事項」這種永無止境的進度追趕中。
- 沒時間做自己想做的事。
- 忙到無法和所愛的人共度。
- 做自己喜歡做的事而不是有生產力的事時，會產生罪惡感。
- 在生活中找不到意義或成就感。

如果你有上述的任何一種情況，你並不孤單。在美國，人們的壓力程度正逐漸攀升，速度之快也令人憂心。根據全球知名人力顧問公司雷格斯集團所做的一項調查發現，有百分之五十八的美國人聲稱他們的壓力越來越大。焦慮是美國人因精神健康問題而就診的首要原因，每年耗費政府四百二十億美金。在過去十年內，抗憂鬱藥物在美國各年齡層的使用率已增加百分之四百。

根據二〇一四年蓋洛普的一項調查顯示，全美職場也面臨同樣的危機：百分之五十的員工在工作時心不在焉（他們人在其位，卻沒什麼出色的表現），另外還有百分之二十的人打算換工作（也就是說，他們並不滿意現在的工作，當然表現也不會太好）。

人們通常認為「成功會使人快樂」，但長達數十年的研究已經證實，此種說法應該倒過來：快樂不是成功的結果，而是使人成功的原因。換句話說，如果你想要成功，就必須像在地下室工作的那群法國報業工人一樣，樂在工作。

關於快樂的科學事實

幾年前，我在紐約一家於《財星》雜誌排名百大的公司，對一群會計師演講，題目是「快樂心理學」，大約有四十個人群集在會議室裡。當時，我看得出來有些人對這個主題非常感興趣，但有些人則是坐在房間後面竊笑，他們顯然是被要求來聽演講的，不認為這種「軟性」的題目對他們會有什麼幫助。

我不怪他們。畢竟，我們很少聽到「快樂就是成功的祕訣」這種說法。事實上，我們被教導的觀念正好相反。

邀請我去這家會計師事務所演講的同事事先警告過我，「快樂的科學」可能無法讓他這些鎮日與資料為伍的同事產生共鳴。他建議我一開始先講負面情緒造成的影響，並引用相關數據，再接著談及快樂的好處，因為我是和會計師打交道，所以應該先讓數字說話。

果然沒錯，等我提出確切的統計數據後，竊笑聲便消失了。到了演講最後，甚至連遠遠坐在房間後面的憤世嫉俗者都紛紛表示，他們被這些「大量又具有說服力的資料」說服了。

我們知道，情緒會對人造成的強大衝擊。畢竟，無論是因為同事的刻薄批評，或是早上和伴侶的一場口角，都可能瓦解我們一整天的生產力和專注力。我們的情緒和心智狀態，對我們所做的每件事都有著重大影響。先想想在有壓力、悲傷或生氣時的感覺，再對照身處快樂、放鬆和感恩時的心情，就不難理解你的生產力與他人的互動狀態有著多大的關連性。

長期研究正向情緒的北卡羅萊納大學心理學家芭芭拉・弗瑞德克森（Barbara Fredrickson），以及其他研究正向情緒有何影響的研究人員都發現，快樂在以下四個具體面向能激發我們的最佳潛能。

智識方面：讓生產力大增

正向情緒能幫助你學習更快速，思考更富創意，也能勇於面對挑戰，化解難關。研究洞察力和創造力等認知神經科學領域的西北大學心理學家馬克・畢曼（Mark Beeman）就證實，人們在看過一部喜劇短片之後，比較容易解開複雜的難題或謎語。因為正向情緒可以消除緊張，並活化腦部的愉悅中心，幫助觸動神經元的連結，當連結越緊密，思考力也會增強，心理的彈性亦相對提升。更有研究顯示，快樂會讓生產力增加百分之十二。

心理方面：減少負面情緒的強度

每個人都會遭逢心境起伏不定的振盪。決定你是苦或樂的，不是外在因素，而是你的心情。可能當你在美麗的海灘度假時，卻感覺愁雲慘霧，怎麼也提不起勁來，因為你剛接到老闆的電話，挨了一頓臭罵；又或者，當你置身連環車陣中，卻內心充滿喜悅，因為你剛得知另一半懷孕了。

正向情緒能幫助你不論處於順境逆境都可維持心情的平靜，有效縮短你感覺壓力沉重、憤怒或憂鬱的時間，整體而言比較樂觀。

社交方面：人際關係更融洽

無疑地，在工作上維持良好的人際關係，無論是與上司、同事、員工或客戶，對成功來說都不可或缺。正向情緒能強化彼此的情誼，例如，共享歡樂（這是種正向情緒的表達方式），會讓人更能敞開心胸，願意相互交流合作。

許多研究證實，快樂的員工會讓工作環境更加和諧，尤其是快樂、友善和樂於助人的同事通常具有下列的特質：

- 在工作上能與其他同事建立良好的合作關係。
- 增進同事的生產力。
- 提升同事的群體連結感。
- 加強職場的向心力。
- 增進工作的投入程度。
- 提供更優質的顧客服務。

研究顯示，像焦慮和憂鬱這類的負面情緒，會讓人更以自我為中心。相反地，正向情緒能增強我們以更積極的方式與他人建立連結的意願。快樂能讓我們更有歸屬感，也更容易站在他人的角度看事情，因而能顯著強化你建立人際關係的能力，讓我們更有自信，並從日益擴大的社交圈中獲得更多支持。

我們的快樂還會影響同事的工作效率。正如難相處的同事會讓工作環境變得壓力重重，積極正向且樂於支持他人的人，則能夠營造充滿活力與積極的氛圍。正面又樂於支持的人會創造讓人開心的氛圍：你快樂，你身邊的人也會比較快樂。

加州大學的社會科學家詹姆斯・福勒（James Fowler）與哈佛大學的社會學教授尼可拉斯・克里斯塔吉斯（Nicholas Christakis）指出，快樂具有「感染力」，它會由你自身開始，逐漸擴散至周遭，影響那些親近你的人、你的同事和熟人，甚至你根本不認識的陌生人。這就是你在職場、家中或群體裡營造出快樂文化的方式。

身體方面：越快樂，就會越健康

正向情緒會增強人們的體力，加速心血管應對壓力衝擊的復原力，進而降低心血管疾病的風險，也會改善協調能力、提高睡眠品質和強化免疫系統，促進健康。此外，初步研究也顯示，笑聲會令人感到愉快，進而降低壓力荷爾蒙可體松的分泌，並增強免疫系統和減輕發炎。

換句話說，越快樂，你就會越健康，即使你處於高度緊張或有壓力的工作環境中也一樣。

六大關鍵，讓幸福化為成功力

在本書中，我會逐步帶你了解如何運用「快樂」這項關鍵資源，發揮你的韌性、創意、生產力和影響力等。我也將深入探討，那些在我們文化中根深柢固的成功理論，是如何適得其反、反而阻礙我們的努力。並揭示透過心理學、組織行為學與神經科學的最新研究結果，包括在復原力、創造力、正念、自我關懷等各領域的諸多發現。

我將讓你瞭解以下能獲得小確幸與成功力的六大關鍵，就是能讓你終結忙亂、遠離壓力的最佳途徑，並幫你化更大的幸福為更大的成功。

一、活在當下，享樂也要在當下

忙碌的人一心多用；有生產力的人選擇專注。

研究證實，分心是導致不快樂的一大原因；在我們最專注、最投入的時刻，往往是最快樂的時候。

一個人在一件事情上的投入程度，會與結果的好壞成正比，也就是說，當你越專注在某件事情上，對於那件事情的掌握度就會越高。所以，當你全心投入正在進行的工作或與人的交談對話上，也不分心想著下一件待辦事項，那樣的專注和心無旁騖就會帶領你達到成功的境界。

二、強化韌性，越挫越勇

韌性是人類與生俱來的天性。面對現代生活中無可避免的超速步調，我們可以學習善用好壓力，遠離壞壓力，藉此強化神經系統對壓力與挫折的耐受力，在面對困難和挑戰時，自然能強化正面情緒的反應，弱化負面情緒的效應。

三、保持平靜，用對能量就不會累

意志力像肌肉，用久了就會疲憊。別再硬撐，善用平靜的力量，你就能節省珍貴的精神能量，將之運用在最需要它們的任務上，幫助我們在工作上和生活中都更有體力，心智更專注，精神更愉悅，永遠活力滿滿。

四、學習無所事事，讓大腦放空

與其一心一意埋首於專業領域，我們要懂得撥出時間無所事事或放空、玩樂，並培養多元的興趣。當身心越放鬆，大腦就會越活躍，也越能在看似不相關的事物間建立意想不到的新奇連結。

許多頭腦靈活的創意鬼才都表示，他們天馬行空的創意與想法，常常是在做白日夢，或在從事與工作完全不相干、又不花腦筋的活動時冒出來的。

五、善待自己，對自己更寬容

人生不設限，要瞭解自我，並充分發揮天賦及潛力。但也不要過於嚴苛地自我批判，如果在失敗後對自己態度苛刻，容易導致焦慮與自我懷疑。如果你能善待自己，就能提升自信與內在穩定度，下次一定會做得更好。

六、心懷慈悲，多點同理心

研究證明，好人比較容易成為贏家（只要他們能學會不被人利用其良善的特質）、能激發人的忠誠度，讓人覺得溫暖與被信任，也能提升創新的精神。

這六種方式並不困難，也不需要繁複的訓練或大幅改變生活，事實上，它們運用的是你已擁有的資源。本書的每個章節都會提供具體可行的做法，幫助你實踐這些能力。不管你個人的生涯目標，是成為芝加哥的全職奶爸、在達拉斯擔任榮登《財星》雜誌的五百大公司執行長、奧克蘭的社區運動人士，還是紐約市的芭蕾明星舞者，我都希望這本書能帶給你快樂的力量和靜心的能量。

你的確能擁有法國印刷團隊在歡樂氣氛環境工作下的生產力，而且我也會讓你明白究竟該怎麼做。科學研究的結果已明確告訴我們：快樂，才是通往成功的捷徑。

快樂成功學

◆**關於快樂的四個科學事實：**

一、能讓人學習更快、思考力增強，增加十二%的生產力。

二、不論順境逆境都能維持內心平靜，降低負面情緒造成的影響。

三、與他人產生緊密連結，使人有歸屬感，人際關係大躍進。
四、快樂就會健康，因為正向情緒能增強體力，降低罹患心血管疾病的風險，並有助於睡眠。

◆**讓快樂幸福化為生產力的六大關鍵：**

一、活在當下，享樂也要在當下。
二、強化韌性，越挫越勇。
三、保持平靜，用對能量就不會累。
四、學習無所事事，讓大腦放空。
五、善待自己，對自己更寬容。
六、心懷慈悲，多點同理心。

一、

活在當下，及時行樂

專注當下，就能獲得快樂和成功

無法在當下活出精彩的人，
怎可能制訂有意義的未來計畫？

——亞倫・瓦茲（Alan Watts），英國哲學家當你抵達矽谷，這個孕育臉書、X、谷歌和史丹佛大學的城市時，幾乎立刻就能察覺到空氣中瀰漫著一股快活的能量。不管是在市中心的帕羅・奧多咖啡館（Palo Alto Café），聽到新興創業家與自稱投資客者之間興奮的交談；或是在史丹佛大學由諾貝爾獎得主教授們授課的課堂上，這股生氣蓬勃的感覺，彷彿是具體有形的，伸手即可碰觸。你身邊充滿著機會、創新與成功的蓬勃生機。

但是，若你仔細聆聽，就會發現其實在這股意氣風發的氛圍裡，潛藏 tjka 一種別具特色的噪音：慢性焦慮的噪音。

我剛到史丹佛唸研究所時，在第一個學年間，自殺人數之多，讓我極為震驚。我們置身於堪稱全世界最精緻絕美、灑落燦爛陽光的校園，在棕櫚樹夾道的路上騎著單車到教室，身邊盡是天資聰穎的學者和同學，可是，他們卻有著那麼多的悲慘及苦痛。

當我為這些事件感到驚訝和傷心之餘，一位史丹佛的同學和我悲中生智，為學生們開辦了「快樂與正念工作坊」，我還幫忙共同首創一門「快樂心理學」的課程。在教授課程期間，我開始瞭解人們的焦慮和苦痛來自何處。而且這群人不僅限於史丹佛，還有整個矽谷。事實上就我所知，在耶魯、哥倫比亞和曼哈頓所有住著成就非凡者的社區也是如此。

這些渴望成功、同時也飽受名利追逐苦痛折磨的人們汲汲於未來，個個狂熱地拚搏，只為不停追求成就。結果是，他們無法活在當下，人在心不在，即使已功成名就也無法感到滿足，更別提享受生命了。

快樂就是：現在忍受，將來享受?!

賈姬．羅特曼（Jackie Rotman）是我教過的眾多明星學生之一。她對「成功」這件事一點也不陌生。

在青少女時期，她為社區服務所做的貢獻，就已經吸引許多媒體爭相報導因而廣為人知了。年方十四時，她便創立「現在大家來跳舞」（Everybody Dance Now），這是個專門教導弱勢青少年學習舞蹈，藉此協助他們遠離幫派、培養自信的非營利組織。此外，她在高中的各項表現也超越群倫，得過許多獎學金，並在當選加州豆蔻小姐後，獲得夢寐以求的史丹佛大學入學許可。在那裡，她依然是眾人注目的焦點，並繼續把她的非營利組織擴展到全國各地，除了參加全世界街舞界的指標性節目〈MTV美國街舞爭霸戰〉之外，還名列《魅力》（*Glamour*）雜誌評選為十大傑出學院女性。

賈姬一直都知道自己必須力爭上游、出類拔萃，才能進入名校。然而她不知道的是，一旦躋身菁英大學後，仍分秒不得懈怠，得頂著超級學霸的光環，繼續累積成就才行。她一進史丹佛後就立刻發現，人人都心無旁鶩，滿腦子只想著要不斷努力爭取更多的獎項、贏得更多的讚譽，追求更大的成功，這讓她很苦惱。「甚至在介紹別人的時候，你的介紹詞還不能忘記提到他們過去的成就：這位是某某某，有過這些豐功偉業。」賈姬這樣分享道。

她覺得心力交瘁。但教授們告訴她，她必須更上層樓，而且事不宜遲，動作要快，才不會被其他同學迎頭趕上。「我的朋友們不是創辦全國叫好的非營利組織、羅德獎[1]的得主、或被《富比士雜誌》提名為『二十歲以下菁英』（20 under 20），就是奧運選手等級的運動員。我還有位朋友是加州最年輕的市議員，也是第三位獲得歐普拉支持的政壇候選人，而他才只是大二的學生！」

賈姬舉一個十九歲、要以大學新生身分申請獎學金的學生為例。這個獎學金會要求學生提出未來進入研究所預計進行的研究計畫、打算選修的課程、畢業後要找的工作，他的十年規畫、計畫要解決的世界問題，以及這些方法可能產生的結果，此外還要描述屆時可以展現的多項領導經驗。「你被逼著去思考那麼遙遠的未來……這根本是一場汲汲營營、競爭激烈的『老鼠賽跑』嘛！」

卡蘿・佩托夫斯基（Carole Petrofsky）是史丹佛大學身心健康促進中心主任，我和她一起開辦了史丹佛的第一門快樂心理學課程。她向我解釋什麼是「史丹佛鴨子症候群」（Stanford Duck Syndrome）。表面上，學生們像一群怡然自得的鴨子，在陽光下悠然自在地划水，心滿意足地沉浸在成功的榮耀和喜悅中。可是，如果你透視水面之下，會發現陰暗面就在那裡：鴨子的雙腳得拚命划動，才能奮力保持浮在水面上，同時繼續前進。

卡蘿也分享了一位學生的故事。這個學生在上過第一堂快樂課之後來找她，說自

---

1 Rhodes Scholars，全世界著名的獎學金，具有「全球本科生諾貝爾獎」美譽。

己非得退選不可。「我問她為什麼，她說，它跟我所學到的一切完全背道而馳。我的父母告訴我，我必須成為非常、非常成功的人。等我逐漸長大，我又問我父母，我需要做什麼才會非常、非常成功，他們說就是要非常、非常努力。隨著時間過去，我再問他們，那我如何能得知自己是否夠努力，他們說：『當你覺得自己在受苦時，就代表你夠努力了。』」卡蘿解釋說，這種心態就是史丹佛功成名就者的盲點，他們不斷專注在追逐成就上，而且相信本來就應該為此付出犧牲幸福的代價。

這種激烈的競爭不只發生在史丹佛或矽谷，而是無處不在。不管你是從事哪一行，都被鼓勵要不停在待辦清單上打勾，而且要不斷精進，放眼未來。工作上永遠有你可以積極參與的事務，好讓自己更上層樓：你可以只負責一項計畫或承擔一個責任，或是，你也可以多押注一項附加投資，增加贏面。職場上永遠都有加班時間比你長的同事，讓你反思自己能夠、而且也應該做得更多。所以你馬不停蹄、戮力以赴、野心勃勃、超越目標，不斷跟你的代辦事項清單玩著追趕進度的遊戲。

然而，在這個過程中，你犧牲了當下，在生活中「缺席」了。你捨棄個人的快樂，忍受負面的感覺與龐大的壓力，因為你相信，最後的結果會是值得的，一切將會苦盡甘來。

你陷入得不斷達陣的強迫狀態，一心只想為自己的履歷表添油加料，在你的扁帽別上一根又一根羽毛。當你還未完成一項任務，心思就已經飛奔到下一個工作上。甚至好不容易下班回家後，你也可能一邊洗碗，還一邊想著列出需要處理的雜事。待辦事項溢滿了整個生活，讓你一直追著時間跑。於是，你身在現在，心卻想去未來。

如果你認為幸福快樂就在成功的另一端，那麼你的大腦將永遠無法獲得這個感覺。當人人都抱持「先成功，才會快樂幸福」的想法時，就會分秒不鬆懈、不斷往前狂奔，而不會停下腳步自問，這對你來說行不行得通，或許你還可能為自己的恆毅力感到十分得意。

研究顯示，兒童延遲滿足的能力，預示了他們未來的人生是否能成功。曾有一個研究是這樣的：給孩子一點小禮物（像是一顆棉花糖或一片餅乾之類的零食），然後告訴他們，如果不馬上吃掉，稍後就會得到加倍或更多的獎賞。結果，那些能夠忍耐、等待的孩子，長大後的成就比較高，面對挫折也比較能堅持下去。

這個「棉花糖理論」告訴我們，在個性上比較能自律，願意忍受一時的「痛苦」

（沒馬上吃到棉花糖），來獲取更大的甜美果實（吃到兩顆棉花糖）的人，未來似乎會比較有「出息」。可是，如果我們不斷延遲享樂，犧牲眼前的利益，去換取想要追求的目標；也以為完成目標後，會享受到加倍的快樂（不論結果是否真能如願，又或只是你自己一廂情願），這個延遲的過程將可能永無止境，進而轉變為工作狂的行徑，離你原先一心想追尋的成功與幸福越來越遠。

預期的喜悅，讓人罹患「成就上癮症」

在《真實的快樂》（*Authentic Happiness*）一書中，馬丁・塞格利曼（Martin Seligman）說了一隻寵物蜥蜴不吃不喝，瀕臨餓死，讓主人不知如何是好的故事。情節進展到後來，有一天，當主人正在吃三明治時，原本絕食的蜥蜴突然使盡全力撲向那塊麵包。原來，蜥蜴並非真的不想吃東西，而是牠寧願餓死，也不要擁有苟活、卻沒有「狩獵」機會的生命。

類似的狩獵快感也緊攫住人類。這種追求的快樂、潛在（或想像）報酬的興奮，使我們深陷功成名就的追逐之中，也是所謂「預期的喜悅」（anticipatory joy）。

這種預期的喜悅，在一般動物與人類身上都很常見，它不但有助於我們存活（透過追蹤食物的來源）、確保物種的繁衍（透過追求性伴侶），也正是這種充滿激情的期待，使得難以追到手的伴侶這麼令人心醉神迷、黑色星期五的大拍賣這麼令人無法抗拒、臉書上的「讚」這麼令人不可自拔、最新款的iPhone這麼令人心癢難耐。無論那是一座獎盃、一次升遷、一頓人氣餐廳的美食，或是在我們社群媒體上的粉絲，那種期待的欲望都讓我們興奮不已。

行銷人更深諳我們對於這種熱愛的追逐，他們善用像特殊折扣、絕無僅有或限量之類的技巧來蠱惑我們，像是：「千萬別錯過最新的折扣下殺！」「限時推出！」「專屬限定」。你可能發現，你在工作或談判時也會利用這些技巧。

工作成癮其實只是另一種形式的追逐。預期的喜悅是工作成癮的驅動力，這是種過度工作且欲罷不能的傾向。根據美國范德堡大學心理學家麥可・崔德威（Michael Treadway）曾對大腦進行的研究顯示，努力工作的人在大腦的獎勵區域會釋出較大量的多巴胺（dopamine，一種與快樂有關的神經傳導物質）。成就導向的工作狂往往依賴這種短暫的快感存活，無論是多回覆一封電子郵件、又搞定一個專案，或劃掉待辦清單上的最後一項任務，都能讓他們感受到片刻的興奮與滿足。工作成癮與酒精或其他物質有關的上癮症不同，因為它會透過升遷、紅利、讚美、頒發獎狀等方式獲得獎勵。因此，儘管它對長期的身心健康帶來負面影響，卻仍被視為是種值得肯定的行為。

「追求」的心態充斥在我們的文化中，現在我們可說是正處於人類歷史上最難抗拒外在刺激的時期。「多虧」電腦、智慧型手機和平板電腦的問世，老闆的最新要求就在收件匣裡，待辦事項提醒的程式會自動彈出在螢幕上，接獲的訊息也會在電話上即時顯示。我們甚至不必費力檢查這些裝置，因為智慧型手機或蘋果手錶會發出嗶嗶聲或是震動，通知我們有新的郵件或訊息。除此之外，我們也花費許多時間在社交媒體上，藉以隨時掌握最新消息，並維繫人脈。

哈佛商學院教授萊絲莉・普羅（Leslie Perlow），同時也是《與智慧型手機共枕》（*Sleeping with Your Smartphone*）一書的作者，以「成功狂」（successaholics）來稱呼無法放下工作的人，因為她相信那些人已經沉迷於成就而上癮了。他們備受俚語首字字母縮寫詞「FOMO」所貼切形容的那種煎熬備受折磨：錯失恐懼（fear of missing out）。他們必須一直處於「開機」狀態，如此才能確保一切都在掌握中，也確保下一個案子能勝券在握，或下一筆交易手到擒來。「我們之所以迷戀工作，是因為成就帶來的名譽聲望，而不是冗長工時帶來的深層滿足。」她在《哈佛商業評論》的一篇文章中這麼說。

既然我們有預期喜悅的習性，也有不可自拔的追求癮頭，難怪我們會動力十足，驅使自己不斷前進。

然而，我們有所不知的是，這樣持續努力到幾乎沒力的拚勁，其實反而會降低成功的機率。

只關心成功，人生注定失敗

我們之所以馬不停蹄地在人生路途上疾行，整天忙得團團轉，是因為我們相信報酬就來自於成就（例如一張獎狀，或是一個錢存得更多的帳戶），而這最終將會帶來最大的報酬：快樂。我們幻想自己正在追求的成功、名聲、金錢——也就是人生尚待填滿的所有空白處——將會帶給我們某種持續性的充實感。比方說，你可能以為，如果你瘋狂地賣命工作，就會得到夢寐以求的升遷，附帶大幅加薪，進而解除你擔憂家裡財務吃緊的問題，一旦焦慮消失……那，最後你就會如願以償獲得快樂。

而且，每獲得一次成功，我們又會把期望的成功目標再更改一次：過去成績還不錯，下次得更進步；找到一個好工作，下一個工作就要更好……長久下來，我們的大腦將永遠體會不到快樂的感覺，又或是短暫的快樂立刻就被擔心無法達成新目標的焦慮所取代。

我們以追求未來成就為奮鬥的目標當然有其優點。在我們的人生中，從專業發展到個人財務規劃等諸多層面，事先擬定計畫不但明智，更是不可或缺；我們也需要一些伴隨這部分而來的焦慮加以自我督促。（例如：「我要如何確保工作團隊能準時把產品送到消費者手上？」「我要如何支付房貸？」）

不過，即便在人們忍受過勞導致的壓力、焦慮，和健康每況愈下的諸多煎熬，終於達成目標時，他們會驚覺自己對於「成功」這件事，是過度期待了。哈佛的心理學教授丹尼爾・吉爾伯特（Daniel Gilbert）就提出證明，表示我們很不擅長預測究竟什麼會讓我們感到快樂，也往往高估某件事會帶給我們的快樂。就像一隻追逐老鼠或玩具的貓，一旦獵物到手後，牠就興趣缺缺了。同樣地，當我們最終得到朝思暮想的東西，例如：獲得一筆很豐厚的年終分紅、找到完美的工作，甚或中了樂透，這時我們往往會發現自己其實並沒有當初以為的那麼快樂。

很多研究更顯示，工作狂或成功狂的生活似乎非常充實，對於自身的一切也極為滿意，但實際上，這些人早已累到爆表，無法充分施展最佳能力，同時種種關係也被影響、拖累。這些負面的影響，反映在以下的諸多層面上。

- **健康**：這些人在身體或心理的健康狀態都會比較差，尤其是容易感到筋疲力竭、情緒耗弱、憤世嫉俗，以及去人格化（這是伴隨長期壓力或創傷而來，與自己失去連結的一種不安感）。對於生命的整體滿意程度也會比較低。
- **工作**：工作成癮以及追求成功的快感，可能會破壞生產力和表現。也許這樣說有違直覺，令人覺得不可置信，但它的確會讓人對於工作的滿意度較低，也會增加工作壓力。比方說，過長的工時會讓人能集中注意力的時間變短，進而導致生產力降低。因為當你急於完成手邊所有的事情時，在當下工作的注意力就會被分散，而無法專注投入。

- **人際關係**：工作上，只關注個人成就，無視他人感受，將影響你和同事之間的互動，導致競爭、敵對與不信任，進而讓工作成效不彰。在私人關係中，會讓人無法好好規劃與享受生活，對家人和朋友都漠不關心，也忽略自己真正的需求。

不胡思亂想，「專心」最幸福

說來或許矛盾，但放慢速度，並且專心致意於此時此刻正在你眼前發生的事情上，也就是活在當下，會讓你更加成功。像「活在當下」或「及時行樂」這些話語聽起來雖然老套，卻的確有著強而有力的科學根據。

研究顯示，在分心或胡思亂想時，通常會想到不愉快的事，因而也會比較不快樂；專注於正在做的事情時，因為心無旁騖，不但更有生產力，也會更快樂。此外，還會讓你具有成功人士最難能可貴的特質：領袖氣質。

更有生產力

我們大部分人已經喪失安於當下這份單純的能力了。我們的時間表總是排得滿滿的，幾乎沒有任何時間休息，每個空檔都塞滿需要一心多用的任務。

然而，當我們處於多工處理狀態，一次得同時進行好幾件事的時候，根本無法深入瞭解正在處理的資料。根據某項針對在課堂上授課內容進行傳統記憶測驗的研究結果發現，聽課時使用筆電的大學生，分數會比不使用筆電者來得低。研究也顯示，我們的專注力之所以變差，是因為我們失去「過濾非必要資訊」的能力，因此會對所有的外來訊息都來者不拒。這些結論都顯示一心多用的確有損我們的記憶力與專注力。

我們可能也會訓練頭腦同時處理好幾件事，但結果是：什麼都沒有做好。有個研究就顯示，如果你一邊開車、一邊與人講話，大腦的專注度將減少百分之三十七。換句話說，一心多用意味著你可能以為自己提高了工作效率，事實上卻是造成自我干擾。這不難想像。如果你一直不斷被拉往好幾個不同的方向前進，自然會無所適從，感覺壓力倍增而難以招架。

還有另一項研究數據指出，當人們每一次從其他事情再重新回到原先在做的事上時，大腦都要花點時間思考之前是停在何處，在多個工作間不停轉換注意力，反而會延後完成工作的時間多達五〇%以上。

某家通訊公司的經理曾告訴我，她的員工中有很多人都很習慣一次同時處理許多事情，結果工作成效卻低於平均標準。她發現自己居然得叫員工放慢工作速度（身為經理的人通常不會提出這種要求），因為她知道，如果一個人全神貫注，人在心也在，就能迅速完成一件事情，也能做得更好，進而提升績效與產能。

更樂在其中

當我們陷入多工處理，或是滿腦子只想著要完成下一個待辦事項時，不僅會降低工作表現，還可能影響我們的身心健康。一項研究發現，越頻繁使用數位媒體工具從事多工處理（例如同時進行文字處理、發送簡訊與電子郵件）的人，焦慮與憂鬱程度往往越高。

然而，當我們全心投入當下正在做的事情時，就能全然享受這項活動。想想你是否有過這樣的經驗：當必須處理一個令你避之唯恐不及的案子時，你知道它會耗費很多心力，或許就以鴕鳥心態一直拖延著。然而，一旦你開始進行（也許最終是因迫在眉睫的截止期限而不得不硬著頭皮去做），便會逐漸進入狀況，這個案子於是進展順利，甚至你還會發現自己其實樂在其中，做事也很有效率，因為你完全專注在手邊的任務上。

知名的心理學家米哈里．契森米哈里（Mihaly Csikszentmihalyi）的研究顯示：當你全神貫注投入某個活動之中，就會體驗到能量充沛又純粹的喜悅狀態，他稱之為「心流」（flow）。心流會發生在你百分百參與某項活動、而該活動的挑戰性足以引起你的興趣，但又不至於過度困難、需要耗費數天才能熟悉的程度。這是一種你全然活在當下，並且能感受到強烈快樂的狀態。那時，你會忘卻周遭的一切，全然沉浸於手邊的事物。你聚精會神，全身心地參與其中，這種體驗帶來的滿足感是深刻而充實的。

曾經有段時間，我受不了身陷生活雜事的泥沼裡：加油、開車去換機油、打電話給電力公司查詢帳單，或買菜。我得處理諸多單調的瑣事，而不是去做能讓我充滿成就感、且有助於達成未來目標的事情，這種感覺是在浪費時間。我還想過要外包自己的雜事請人代為處理呢！

我終於發覺，無法享受「當下」，受制於不斷追求工作目標及成果的心態，不但讓自己的人生被未來綁架，也讓生活被焦慮的雜音所干擾，更無法珍惜生命中細微、卻讓人驚喜的美好。

尤其在動過膽囊手術之後，我不得不停下每小時一百英里的疾馳速度，被迫無所事事長達兩週。在這件事情上，我毫無選擇，只能無奈地接受。但出乎我意料之外的是，儘管身體劇烈疼痛，但我的生活卻立刻變得愉快百倍，彷彿全身都沐浴在溫暖的陽光之中。食物品嘗起來更加美味，睡眠更有品質，而且難以言喻的喜悅也在內心毫無理由地騷動著。怎麼回事？難道我需要度個半個月的長假才能體會到真正的快樂嗎？非也，原因並不是出在我暫別工作，而是因為我暫別內心自我督促，不再給自己過度的壓力。更神奇的是，當我銷假上班時，我發現自己對各項工作都更加專注，對同事的態度更加友善，我的成就及效率，都比一心寄掛未來的時候更高。

可是，我們有很多人大半輩子都錯失能夠充滿生產力和快樂的這種經驗。依據哈佛大學心理學家馬修・基林斯沃斯（Matthew Killingsworth）與他的同事丹尼爾・吉爾伯特教授對五千人所做的研究發現，成年人能專心在當下的時間只有百分之五十。換句話說，我們有一半的時間是處於分心狀態。

除了評估人們分心、注意力不集中的狀況之外，科學家們也收集了活在當下與快樂程度是否相關的資料。他們發現，當我們「活在現在式」中，專注在每件「正」在做的事情上時，就可以得到最多的快樂。換句話說，即便你正在做一件你通常覺得不太愉快的事（比如，填寫單調枯燥的行政文件），但只要你全神貫注在該項活動上，就會比為了逃避當下而思緒紛飛地去想其他更快樂的事情還來得愉悅。因此，基林斯沃斯與吉爾伯特為他們的科學報告所下的標題是：「不專心，就不會快樂」。

其他研究也證實心不在焉與負面情緒有所關聯。當心思處在漫遊狀態時，你會對已經發生且無法改變的過去感到焦慮，使回憶成為痛苦的根源；也會為還未發生的事情感到擔憂，讓那份恐懼與憂慮成為助長負面情緒的養分。我們所身處的，原是全新的一天、全新的一個小時、全新的一種狀況，但你卻困在一個無法回到過去做出改變的情境裡，又或是卡在不可知的未來想像中鬼打牆。

我當然不是說我們不應該做白日夢或回想過去；如同我們在第四章會看到的，我們絕對應該抽出時間放空，讓自己處於「待機」狀態，如此可能會帶來更有創意的想法及較正面的情緒。不過，正如基林斯沃斯與吉爾伯特指出的，當我們進行一項任務時，會感覺最快樂也最有生產力的時候，就是全神貫注的當下。因為我們全然體驗著身邊正在發生的事情，也確確實實和周遭的人同在，投入在彼此互動與討論的想法裡，心思都放在正進行的計畫上。

我們都有可以讓自己安於當下的諸多選擇。例如：清理你桌上擺滿的令人分心的事物、把手機設為靜音、利用Focus之類的程式暫時封鎖你打算稍後才要瀏覽的網站，又或是登出電子郵件。你也可以設定一個計時器，確保你在某段時間內，都能專心從事手邊的工作，像我喜歡用的是老式的沙漏。

更具領袖氣質

雖然針對領袖氣質的探索尚在發展中，但是相關的研究已經發現，領袖氣質是一種可由後天學得的技能，而不是與生俱來的天賦，它和全然臨在（也就是全心專注在當下）的能力有很大的關係。

極具領袖氣質的人，往往被形容為具有「讓人感覺房間裡彷彿只有你」的能力。在談話時，他們不只會放下手邊正在進行的事情，更會心無旁鶩，專注在說話者的話語上。這類型的人被歸納出擁有六大特質：

特質一、富同理心：能夠站在他人的立場看事情，並感同身受。

如果能將心比心，就能設身處地理解並體會他人的感受。這顯然只有暫時把自我放到一邊、全然與對方的心同在時才做得到。

特質二、具有良好的傾聽技巧：能夠聽到對方真正想傳達的訊息。

一位完美的傾聽高手，會專注聆聽談話的內容，而非揣測對方的想法。在說出自己的看法前，也會先了解對方沒說出口的「隱藏訊息」，進而讓人覺得他是「全心全意和自己同在」。

特質三、懂得建立眼神交流：能夠接受並且持續對他人注視。

眼神交流是人類最有力量的連結形式之一，也決定了說話者的誠意。耳朵能讓人「聽」到內容，而眼睛卻會讓人「感受」到內容，因此我們有時也可以靠眼睛溝通。

我們憑直覺就能感受到，當別人的目光從我們身上移開時，他們的注意力也會隨之轉移。這種直覺有神經科學研究的支持，該研究發現，當你眼神游移時，大腦所使用的部位，和你在漫不經心時是一模一樣的。

特質四、態度真誠：能夠透過讚美他人的行為或想法給予鼓舞。

真誠是獲得他人信任的關鍵，這是一種非常真實的情感，不容易偽裝，當你真心誠意專注觀看別人的舉動或聆聽別人說話時就會表現出來。

特質五、充滿自信：行事既如實又安然，不擔心他人的想法。

很多人過於擔憂自己的表現，又或是害怕無法得到外界的認同，因而表現得患得患失，到頭來只給人留下緊張不安或不夠真誠的印象。這些人就是把焦點放在自己、而非對方身上。

當你全然臨在，只專注於「當下」力所能及的事時，就會從「擔心別人怎麼想」，變為「勇敢做自己」，進而表現出沉著、真實、自然不做作的態度。

特質六、擁有令人心悅誠服的說話技巧：能與他人建立深層的連結。

如果你想要發揮影響力，就必須把你的頻率對準你的聽眾。當你百分之百與你的聽眾同在時，就能夠瞭解他們內心真正的想法，以及他們是如何解讀你的話。

五種練習，回到當下

從基林斯沃斯與吉爾伯特的研究發現，原來我們有百分之五十的時間是心不在焉的，這結果似乎令人有些氣餒。讓我們面對現實吧！要改掉一個我們維持多年的習慣的確不容易，然而，你要踏出改變的第一步就是「覺知」。

所謂覺知，也就是專注當下的覺察力，它能讓我們注意和感知到「有什麼」、「是什麼」，但不會產生意見、想法和判斷；也能讓你以不帶批評的方式，更全面看清人事物的真實樣貌。也就是說，當你發現自己進入批判、回憶和想像的世界時，可以選擇不要跟著這個思緒走，而是立刻把自己帶回到當下的此時此刻。

比如當你正在工作、陪孩子玩耍，或與你的伴侶吃晚餐時，都有可能會心思飄移，而且當然，你的思緒在一天當中早已不知神遊過幾回了，但這卻會是你第一次有意識地觀察到這個現象，所以這可能會令你覺得陌生而感到有點不安，你可能還會產生「哇喔，我正和我愛的人在一起，但心思卻不在他們身上，真是太不應該了！」這類的自責。但請記住，不要產生批評自己的念頭，或是有負面的想法，只要以不帶任何情緒或自我批判的方式，把注意力重新放回眼前正發生的事上，讓「心」重新跟自己在一起。

這些練習的重點不在於要你專心，而是要你在分心時立刻把注意力找回來，增強停留在當下的能力。以下就是五種能讓你活在當下的實用練習。

練習一：有意識地練習

當你分心，或不自覺想上網瀏覽或看手機時，就有意識地把注意力逐漸拉回來，把焦點放在手邊的工作上。

一開始先練習十分鐘。比方說，在進行令人緊張或心煩的事情時，例如要準備一場大型簡報，或正在處理煩人的報稅問題等，都可以藉此練習訓練專注力。或許你還可能會發現，這個練習不像你想像中的單調乏味，還會令你脫胎換骨，甚至樂在其中呢！

又或是當你準備晚餐時，告訴自己，切菜速度的快慢，或是你能多迅速搞定晚餐都不重要，重點是你能專注於「切菜」這件事，並從中尋得下廚的樂趣。總之，要留意你正在做的事的每一個細節。

練習二：冥想

據報導，在二〇一二年共有高達一千八百萬的美國人練習冥想，這占了全國總人口的百分之八！正念運動日益盛行，再加上大量研究實證有效的支持，這個數據可能至今更為增加。

冥想（在第三章有更大篇幅的討論）可以幫助你培養靜心和安定的狀態，不再陷入追逐未來的焦慮循環中。研究顯示，冥想經驗豐富的人，其大腦與心神渙散相關的區域活動也會較少。

我教導許多人練習冥想多年。大家常常會在進行冥想後說：「房間看起來變鮮豔了！」這並不是冥想增強了他們的視覺（就我所知，沒有任何研究證實會有此種效果），事實上，是當他們的心安定下來時，會導致他們感覺更加臨在，因此能用心留意並感受周遭的環境，不似剛進入房間時心情浮躁，諸多的雜念使他們無法擁有專注的感知。

冥想的形式有很多種，找一個適合你的方式，像是瑜伽、以瑜伽為基礎的呼吸運動、太極拳，或只是在大自然裡安靜地散個步，都有助於安定你的心念。

練習三：專注呼吸

這是一種歷史悠久的有效修行法。只要把注意力放在呼吸上，就能讓心「固定」在當下。當你發現心思正四處漫遊時，就深吸一口氣，並在吐氣的同時，放掉你的雜念，彷彿你是有意識地把它們從體內呼出來。如果你被周遭的聲音或情境干擾而分心時，就慢慢把注意力拉回來，再度專注在呼吸上。尤其是當你處於糾結的困境中不可自拔時，進行這個練習更會令你感受到靜心的奇效。

另一個研究證明有助於增強注意力的呼吸練習是數息。「息」就是呼吸，數息也就是計算呼吸的次數。方法是：每呼吸一次就在心裡默數一下，數到十後就重來。雖然這個練習聽起來有點單調，但它可以藉由把全副心思放在觀察呼吸的方式上，提高專注力，身心也在過程中漸漸安頓，並達到靜心、沉澱的效果。

練習四：確實體驗愉悅

這個練習還滿有趣的。當你感覺到愉悅時，閉上眼睛，全然與你所感受到的那份愉悅同在。不管是情緒感受（比如：愛）或是感官感受（比如：美食、觸覺或聲音），都要充分品嘗並欣賞那種感受或經驗。

當我們把注意力集中在痛苦而非快樂時，當然無法感受到快樂。學習沉浸在愉悅的經驗之中，有助於延續這種感覺，也比較不會貪婪地需索無度，因為你體會到的經驗已令你深覺滿足。

練習五：遠離3C產品

最棒的臨在與喜悅的一種練習方式，就是有半天、甚至一整天的時間都不使用科技產品。這種體驗最適合在大自然裡進行，不做任何事，就只是漫無目的地散步，或是凝視天空發呆，讓心完全休息放鬆。

起初這可能會讓你感覺不太自在，或許還會覺得有點煩躁或焦慮，因為你不習慣「什麼都不做」，它甚至會讓你感到不自在（有個研究甚至還顯示，人們寧願給自己電擊，也不願一個人無所事事，就只是呆坐著）。但試試看你能不能度過那種狀態。那只是個過程。

Pinterest網站的創辦人艾文・普萊斯（Evan Price），就深諳「讓自己關機」的重要性。他曾告訴《紐約時報》，他很喜歡和妻子一路開車到手機收不到訊號的這種遠距離兜風。

我也曾經和我先生到墨西哥的一處鳥類保育區，那裡的度假村既沒有電也沒有網路，完全遺世獨立。我們身處大自然中，聽著陣陣的海浪聲，看著一群群紅鶴，這種置身世外桃源的感覺令我超興奮的，但我們還是花了至少三天的時間才完全適應。顯然，已經習慣忙碌不休的心，還是需要一些時間才能安頓下來。

有則著名的寓言，故事是有位成功富有的投資銀行家，鼓勵一名在碼頭上釣魚、身分地位卑微的墨西哥人，要釣到更多魚，坐大他的生意，以便賺更多錢，最終成為百萬富翁。

釣魚人疑惑地問道：「這樣做是為什麼？」銀行家回答：「因為你就可以退休、放鬆，只要釣魚就好了。」然而，這就是這個釣魚人打從一開始就在做的事。這則寓言說明你可能深陷名利追逐之中，而忘記自己當初追逐的最終目標其實就是快樂。

在上過我們的幸福課程，也學習冥想之後，賈姬開始有意識地活在當下。最後她在史丹佛表現卓越，甚至可以說是她同輩中最受歡迎的學生之一。賈姬專注在她的課業與課外活動上，也享受她的人生，心中喜樂滿溢。她那充滿感染力的喜悅產生的必然結果是：與人產生密切連結，也擁有絕佳的人際關係，這對她畢業後的職涯幫助很大。

賈姬的故事告訴我們，活在當下的必要條件是放慢腳步，把心放在此時此刻。起初這樣的轉變可能很不容易，但是它對幸福和成功的影響之大，值得我們努力嘗試。只要你每天花十分鐘靜下心來，真正體會並關心自己「正在做什麼」，一定可以感受到更深層的專注與平靜，也會發現自己對壓力與挫折的包容度都有顯著的提升。

快樂成功學

◆追逐未來，會讓人忘記活在當下。

我們常以為，只要達到「某個目標」，就能獲得快樂與成就感。於是，我們花費大量時間思考未來及安排計畫，讓自己覺得很有生產力，但結果卻往往適得其反。

因為當你集中注意力在計畫未來時，會忽略身邊正在發生的事，這種情況可能令工作或家庭的人際關係出現問題。更重要的是，不斷思考未來會讓你總是處在緊張焦慮的狀態中，無法更好地完成工作，進而降低生產力。

◆專心一致比一心多用效率更高，感覺更幸福。

「同時進行多項工作會讓人更有生產力」的想法並不一定正確。事實上，當你多工處理時，會令你每一項工作的效率都大大降低。

有研究證實，邊開車邊與人說話，對駕駛的專注力將降低三十七%。而當你百分百投入一件工作時，會體會到更多的幸福感受，即使是枯燥無聊的任務，專注力也能讓人樂在其中。

◆活在當下、保持專注力需要不斷練習。

有許多方法可以幫助你把自己帶回當下，像是去除工作中不必要的干擾（如：整理你的工作環境，暫時登出收件匣，或將手機設為靜音狀態等）；又或是在一小段時間內只專注做一件事，你可設置一個計時器，當你在這個小時段內完成工作後，你會發現自己更樂在工作，也更有成就感。

冥想也是一種能保持專注的方式。當你冥想一段時間後，會變得更加平靜，對周圍的事物更加關注，甚至有些人在冥想後表示，他們覺得四周的色彩變得更鮮豔了。

二、

韌性，是最好的抵抗力

充分發揮與生俱來的韌性

覺受來又去，如雲行空隙。
正念之呼吸，將我心舟繫。

——一行禪師（Thich Nhat Hanh）

二〇一一年三月，金融界的一位青年才俊——安東尼奧・奧爾塔-奧索里奧（António Horta-Osório），獲命成為有史以來最年輕的英國五大銀行執行長，領導勞埃德銀行集團。他的上任肩負著許多人對於勞埃德的期望，因為該集團正面臨許多難題與挑戰。他勤奮工作、不知疲倦，經常創下一週連續工作九十個小時的紀錄，焚膏繼晷的努力，終於扭轉這家銀行的劣勢。

然而，在奧爾塔-奧索里奧接任位高權重、壓力龐大的執行長職位八個月後，他因為過勞請了長期的病假，難以承受的高壓讓他連續五天無法入睡。他請假的消息一曝光後，該集團立刻損失十億美元的市值。

人人都想要成功，但成功會讓你變成什麼樣子，則視你對自己的期許而定。你可能想成為搖滾明星、舞藝精湛的舞者、手藝了得的廚師、名流的私人教練、公司的執行長，又或是最棒的父母……等。我們都想施展出自己所有的潛能。說到我們的目標、夢想和抱負，沒有人想要低於平均標準。而我們從中學到的一件事，就是我們需要前進的動力，也就是驅動力，或者你要用「野心」、「動機」、「進取心」或「渴望」來稱呼也可以。

原則上，驅動力是種正能量（當然也得視狀況而定）。但問題是，我們每個人都無可避免地生活在超速步調中，科學的證據與我們自身的經驗都讓我們看到，人們正為此付出高昂的代價，那就是：慢性壓力。

在歷史上，人類曾在巨大的壓力下生活著，像是飢荒、戰爭、疾病、天災以及嬰兒的高死亡率等，這些都是持續好幾個世紀的大問題。時至今日，我們大部分的人都不必再與這些壓力源搏鬥了，但人們的壓力指數卻始終史無前例地居高不下。根據美國壓力研究中心在二〇一四年從具有代表性的樣本中獲得的一份調查報告，記錄了這些高壓數據：

- 員工每年與壓力相關的醫療支出：三千億美金。
- 長期飽受壓力導致身體不適者：占百分之七十七。
- 長期飽受壓力導致心理不適者：占百分之七十三。
- 自覺因壓力而無法入眠者：占百分之四十八。

有鑑於這些是二〇一四年的數據，當時大部分美國人都還生活在相當安全的環境中，基本需求（食物和住所）也不虞匱乏，所以這些數字背後所隱含的意義著實令人憂心。不但如此，還有百分之四十的人感覺過去五年來他們的壓力更大了，這代表壓力指數正持續上揚中。

大多數人都認為，如果不用狂飆的速度奔馳前進，就無法獲得成功；沒有壓力，也無法致勝。可是我們錯了。就像前述那位執行長的情況，當我們長時間維持高速運轉，便會逐漸失去人生裡換檔的能力。

成功的祕訣是「愛拚才會贏」？

壓力與成功密不可分，這個觀念已經深植在我們的生活和工作習慣中，以至於我們以自身的壓力程度為傲。我們吹噓手邊的工作滿檔，或待辦事項清單有長長一大串。我們炫耀自己的行程表排得有多滿，誇口自己睡覺時間有多麼少，而且已經好幾年沒度過假了。我們可能不喜歡有壓力的感覺，卻把它當榮譽勳章似地穿戴在身上。我們似乎以為如果能承受越多壓力（也希望自己能耐得住），就代表自己越「耐操」，也會越成功。

「壓力是成功的助力」這個概念，我們究竟是從何而來的呢？我認為，是我們的文化把高壓力的職業理想化了。像是急診室醫師在最緊急的狀況中仍能臨危不亂地工作，忙碌的大律師雖然接案量滿檔但仍能場場勝訴的電視連續劇；還有經營大公司的優秀執行長與創業家，不僅身兼慈善志工，同時還有餘力陪伴孩子做功課等傳媒報導。

此外，我們的文化也推崇不達目的絕不終止，以及奮鬥不懈以超越他人等觀念，凡此種種，都將壓力與成功畫上等號。所謂的「功成名就」，就代表著賣力、衝勁和競爭。當大家完成一個專案、達成一項目標，或精通一門技藝時，英文俚語恭喜他們幹得好的說法是「你殺了它」（you killed it）或「你毀了它」（you destroyed it）。

事實上，成功也常被人拿來和「爭強好勝」畫上等號。我們理解的「成功」，其中就包含我們要具備「強韌堅毅」的特性。於是，我們的情緒強度增加了，而「強度」這件事就與心理壓力有關。

我在史丹佛和心理學教授珍・蔡一起進行的研究顯示，在美國，當我們處在一個想要影響他人的情況時，我們會希望擁有強烈的正面情緒，比如興奮（也就是和「冷靜」之類相反、強度較低的情緒），因為我們相信這樣的情緒會讓自己更具影響力。

在一次研究中，我們指定不同的參與者分別擔任領導者或追隨者，結果發現，扮演領導者角色的人會想主動傳達更多強烈的正面情緒。然而，像興奮這類正面的情緒，卻因為高強度之故，也會激發我們生理上的壓力反應。換句話說，即使是為了達到成功而感受到的正面情緒，也會引發並加重身體的壓力。

科學證明，適量的壓力或衝勁，有助於我們發揮潛能，達成短期目標。由於這些正面效果的諸多舉證，讓很多人認為壓力的確有益身心，於是便妄下結論，認定它是不可或缺的進步動力，會使工作能力和表現更出色。然而在日積月累後，慢性壓力卻是成功的頭號敵人，導致人們身心失衡。就像在奧爾塔-奧索里奧的例子中，我們看到壓力無法使人更有成就，反而可能成為一大障礙。

壓力也有好壞之分

當然，壓力不盡然都是負面的，像是短期的壓力就能為我們提供動力。像是當你看到一輛車子闖紅燈朝你疾駛而來時，你的腎上腺素會飆升，使你得以快速奔跑過馬路，就是個很好的例證。

此外，少許暫時性的壓力也可能有益健康。在許多具有開創性的研究中，像是我在史丹佛大學的同事——菲爾道斯・達巴（Firdaus Dhabhar）教授，就發現壓力在生理和心理上可能具有很大的益處，包括增強免疫力。他是首位主張可以利用短期壓力反應的生物學來提升保護力和表現的人。在一份廣受引用的突破性研究中，菲爾道斯就證明短期壓力可激發潛能，而慢性壓力則有害健康。

在我接受膽囊手術之前，菲爾道斯就特別提醒我，輕度的壓力反應能強化免疫系統，有助於康復，但前提是，我在進行手術之前必須先保持較低的壓力程度。他的團隊所做的一份研究顯示，手術會引發壓力反應，讓體內釋放大量化學物質以加速恢復健康。但如果是在承受長時間慢性壓力的情況下進行手術，免疫力會下降，因為身體已經耗費不少資源。

後來，我在手術前參加了一個為期兩天的禁語冥想課程，結果術後恢復的情況十分良好！

短期壓力還有其他優點。例如，短期壓力可以使人表現更好，尤其是當一個人需要發揮其長才時，比如：公開演講、自行車競賽，或音樂演奏。不過要說明的是，只有在不受慢性壓力所苦的前提下，此種說法才成立。

根據「葉杜二氏法則」（Yerkes-Dodson Law，這是以心理學家葉克斯和杜德遜這兩位研究者的姓氏所命名），壓力與生產力之間的關係就像一條上下顛倒的U形曲線，一定程度的壓力有助於我們表現得更好；可是一旦壓力過高，反而會妨礙你的表現，成為絆腳石。

其他研究則顯示，在某些情況下，壓力可以促進人與人之間的連結，建構人際網絡的支持系統，增加合作、社交和友善的互動行為。這種正面的社交反應，說明了人類何以在天災或危機發生期間（像是在九一一之後的紐約市）會發揮人飢己飢的精神。此種連結，可能是我們人類這個物種之所以能集體存活的原因之一。

在壓力的浪頭，要學會優雅衝浪

只是，如果好東西太多，一旦過了頭，也不見得是好事。慢性壓力會讓人更容易生病和發炎，甚至還會加速細胞老化。你有沒有發現當自己處在高壓狀態之下，會容易記不住或想不起事情？長期持續的壓力對記憶力危害尤其嚴重，甚至創造力、洞察力、思考力、解決力以及判斷力也會連帶受損。

壓力更具有漣漪效應，會增加你周遭的人的壓力。因為焦慮或恐懼等情緒，在生理上會透過荷爾蒙，藉由在汗水中分泌化學物質的方式，傳播給他人。當某人散發出「恐懼荷爾蒙」時，與之接觸的人在腦部對應焦慮和恐懼的區域（尤其是杏仁核）也會出現比較大的活化作用。而且，不必靠研究也能得知，如果我們把壓力帶回家，不但自己無法充分休息，連家人可能也會變成我們的出氣筒，結果就會是場災難。

所以，壓力是好是壞，端看你如何管理。巧妙掌控的技巧就在於：要善用短期壓力的好處，同時又不會成為慢性壓力的禁臠。換句話說，維持長期成功的關鍵，不是蠟燭兩頭燒地焚膏繼晷，而是學會利用壓力衝浪的高明技巧。即使強大的壓力可能擊垮我們，我們也可以從它的掏空效應中復原。

要能達到這樣的境地，我們得訴諸韌性，亦即從有壓力的處境或挫折中快速復原的能力。雖然這看似抽象，但幸而對我們的生理而言，韌性就和壓力反應一樣自然。當處境極為艱難時，我們能否樂觀看待？我們又能否尋得達成目標的動力和能量，而不受制於慢性壓力導致的精力耗竭與焦慮？這些問題的答案都是肯定的，只是絕大多數的人都很清楚壓力是如何坐大的，卻少有人知道該如何汲取自身內建的韌性庫藏。好消息是，你可以一窺其中的奧祕，並學會該怎麼做。

韌性能幫你挺過挫折壓力

我們都曉得「戰或逃」反應，也就是身體（事實上，不只是人類，大部分動物的身體也是如此）在面對危難或致命的攻擊時，是要準備抵抗，又或是逃走。然而，大部分人不曉得的是，等危機解除，就是副交感神經系統啟動的時候，它負責的是放鬆和休息（rest-or-digest）反應，身體於是恢復至正常狀態。

舉個例子來說。當一頭獅子在原野上追逐一隻羚羊時，羚羊是處於「逃」的模式，牠的交感神經系統會全面啟動，腎上腺素也大量分泌。如果不幸被獅子逮個正著，牠的生命就會當場結束；但若能幸運脫逃，一旦遠離險境，牠的壓力幾乎就立刻消除，專責休養生息的副交感神經系統也會開始運作，於是，牠能平靜地放鬆，重回陽光下吃草。

戰或逃的反應會使羚羊處於生理激動狀態，但警報解除後，牠就可以專注在恢復上，並重獲力量。因此在數分鐘後，羚羊的神經系統便已穩定下來，回到最佳狀態。

由此看來，羚羊的韌性取決於牠以下幾項能力：

- 快速回到原先放鬆和休息狀態的能力。
- 直到威脅生命的極端情況再度出現之前，都可保持在平靜狀態的能力。
- 全力面對下一項挑戰的能力。

並不是只有在野外求生的動物，才會在面對威脅或壓力時發揮了不起的韌性。像是帶你的狗去看獸醫時，你也會看到一種巨大的壓力反應——小狗可能開始發抖、雙耳下垂，並且往後拉扯狗繩，不肯走進診間。然而，等檢查結束，寵物回到家中舒適又熟悉的環境裡，那種壓力反應很快便消退了。

你甚至也可以在孩子身上觀察到韌性的表現。當孩子經歷某個有壓力的事件，比如第一天上學，在和父母道別時，他們可能會有哭鬧不停的情緒化反應，但這種情況往往只會持續幾分鐘，之後他們馬上就又笑嘻嘻地像什麼事都沒發生一樣。

兒童與動物之所以能這麼快從壓力中復原，證明我們的神經系統具有十足的韌性，讓人能快速且輕鬆不費力地回到平靜狀態。

扯韌性後腿的攪局者

只是，為什麼身為成年人的我們，卻似乎對壓力難以招架，也難自壓力中恢復呢？想想看，你從挫折、壓力，又或是與他人意見相左的處境中回復的速度有多快？是五分鐘？一小時？一天？還是五天？你是不是一想到這些事，就又覺得壓力上身了？我們可能只是接到一通擾人的推銷電話，就整天都為此氣憤難平，那種不舒服的情緒甚至還可能持續一整週或一整個月。也有很多人都已經一腳踏進墳墓了，卻還在為幾十年前發生過的某件事而滿懷怒氣呢！

是什麼阻撓成人享受兒童、甚至還有動物輕易就能利用的韌性特質？為什麼我們的壓力會揮之不去，停留的時間遠比孩童還久，有時還演變成慢性壓力？

答案就在我們的大腦裡。因為煩躁的心智會妨礙思考，讓人越想越心煩，以至於無法冷靜地想出辦法逃離困境。此外，大眾傳媒的訊息也慫恿我們活在超速前進中，讓人更難回到平靜的狀態。

現在，我們就來一一檢視扯韌性後腿的這些攪局者。

容易負面思考，凡事往壞處想

我們的腦部有很多區域和一般動物是大同小異的，例如負責視覺、平衡和恐懼的區域。然而，與大多數動物不同的是，人類大腦有一個特別發達的新皮質，賦予了我們智力和反省能力。多虧這個新皮質，我們才有洞察力、語言發展力、閱讀本書的能力，以及溝通想法、觀念和感覺等種種能力。但不幸的是，它也給了我們擔憂、絕望、固著（心理學術語，意思是「一而再、再而三執著地重複進行同一件事」），會想像最糟、最戲劇化的狀況，以及創造虛構情節和荒謬解讀事情的能力。

試想，如果羚羊也具有與人類相同的這種新皮質，那麼在經過獅子追殺的壓力事件後，牠可能就不會那麼快放鬆了。反之，牠會在腦袋裡一再重播之前可怕的情景，邊擔心邊思考著逃脫計畫，以免獅子再度來襲，也會忍不住一直想像獅子可能傷害牠的小孩等令人憂心的情況，因而開始失眠。

這聽來是不是很熟悉？

我們的頭腦往往傾向專注在負面想法，而不是正面思考上。科學家假設，這種負面傾向是因為經歷了演化上的調整。比方說，藉由記住與掠食者交手的危險情境，讓我們的祖先比較可能避開這些敵人的迫害。時至今日，大腦的演化已讓我們會預設負面情境，總是先看生命的悲慘面，於是雖然現在我們再也不需要這種負面傾向，但它卻經常對我們造成阻礙。

光是一、兩個負面思想，就可能把你的生理狀態逼到極限。英國心理學家暨慈悲焦點治療（Compassion-Focused Therapy）的創始人保羅・吉爾伯特（Paul Gilbert）指出，只要氣急敗壞的老闆打來一通電話，愛人或朋友傳來一封怒氣沖沖的簡訊，甚至是陌生人的一聲咒罵，都會立刻激起你體內的物理、生理與化學反應，使你進入焦慮狀態。這是很累人的。更何況我們每天面臨的壓力狀況，以及它們令人產生的憤怒或焦慮念頭更是不計其數，因此這種反應會妨礙我們休養生息與恢復元氣。

甚至，只要我們打開電子郵件，就足以讓人備受壓力源的襲擊。研究顯示，如果你越查看電子郵件，感受到的壓力也會越大，但生產力卻不一定較高。

另外，由加州大學的教授葛羅莉亞・馬克（Gloria Mark）與美國陸軍研究員阿爾曼・凱德羅（Armand Cadello）所做的一份研究，調查了電子郵件對工作生產力與壓力程度的影響。結果顯示，在刪除電子郵件之後，受試者專注在工作上的能力提升了。此外，在沒有電子郵件的干擾下，測量受試者的心跳後發現，他們的壓力也減少了。

這一點並不令人意外。因為電子郵件等數位訊息完全不具有與他人社交或產生互動的任何蛛絲馬跡，相較之下，當面溝通或透過電話聯繫，可以讓我們根據社交線索更靈活地調整互動，這無疑能讓人更具有同理心，也更不會引發壓力。例如，如果員工看起來疲倦不已或身體不適，老闆可能就比較不會為難他。

但在電子郵件中完全無法發現這些線索，它受限於文字形式，我們看不見對方的動作，聽不到對方的語氣。光靠這種手寫的訊息，實在很難解讀寄件者真正想表達的語氣與情緒。而且人們往往會有錯誤的預期，比如以為對方會馬上回覆，或答應你的請求等。

我們收到的只是簡短的文字訊息，其語氣難以解讀。一封來自你老闆的短訊，可能會讓你覺得對方在生氣，因而感到不安。一封來自你伴侶充滿情緒性的簡訊，可能會讓你在工作時無法專心，擔心對方究竟對你有何誤解。

想像一下，一整天都在接收數十封這樣的電子郵件，會是什麼感覺？在電子郵件為數不多的過去，我們一天可能最多只會經歷兩、三件情緒強烈的事件（比如，和同事產生衝突、與配偶爭吵，或接到一位憤怒朋友的來電）。在二〇一四年，企業用戶一天發送和接收的電子郵件平均為一百二十一封（這個數據高於二〇一一年的一〇五封，而且到了二〇一八年預期將會增加到一百四十封）。結果，光是在一小時內收到的電子郵件，就足以讓你經歷大幅的情緒波動與壓力。

當然，你也會收到讓你心情愉快的電子郵件，像是你姪子的照片，或是朋友的婚訊。但不幸的是，如前所述，我們的心智更容易受負面刺激的影響，因為大腦天生就傾向專注於負面訊息。

所以，儘管啥事都沒做，就只是在電腦前坐了一整天後，我們回到家卻仍覺得筋疲力竭，這有什麼好奇怪的嗎？

內憂外患夾攻，擺不平壓力荷爾蒙

不僅我們的大腦會持續製造讓人焦躁不安的想法，我們的神經系統也不斷受到外在訊息的過度刺激，像是購買更多東西、讓自己看起來更好、做更多運動、吃得更健康、表現要更上層樓、學習更多新知。我們在學校裡、在工作上，以及經由廣告或透過電視節目之類的傳播媒體所接收到的訊息，都強力逼迫或過度刺激我們，讓人倍感壓力。

如果你感覺自己每天飽受大量訊息的疲勞轟炸，那是有原因的。商業世界和新聞媒體經常利用能令人倍感壓力的技巧，來吸引消費者的注意力。專為煽動恐懼和激發焦慮而設計的訊息，充斥在我們的文化之中，聳動地刺激著我們。例如，媒體常利用負面的標題吸引讀者的目光，（戰爭！衝突！死亡！毀滅！）促銷活動（黑色星期五）也操縱著我們的腎上腺素，以確保我們會對此做出回應。結果，我們每天都活在壓力狀態下。不管我們是否意識到這些傳媒的行銷技巧，但或多或少都會感受到它們帶來的壓力。

更雪上加霜的是，除了外來訊息的刺激之外，我們自身也積極助長腎上腺素的飆升。為了跟上這些文化或消費訊息的速度，我們學會了天天啟動壓力反應。這種反應原本是該用在處理生命遭受威脅時的危急狀態，如今卻變成我們的生活常態。事實上，大部分的人還依靠壓力來推動自己前行。

你可能也很清楚自己是故意把時間表排滿，因為你罹患了「忙碌上癮症」；又或是等到最後一刻才完成工作，刻意喚起焦慮，因為你需要這種緊張感給你動力。當你累了，真的需要休息時，你反而選擇繼續硬撐，或仰賴咖啡、甜食、提神飲料之類的刺激物，藉此給予你繼續撐下去所需的「快感」。事實上，現在有越來越多的學生與職場人士正在養成一個危險的習慣，那就是服用專為治療注意力不足症候群所設計的興奮劑藥物，以便延長工作或學習的時間。

所以，我們晚上回到家後，白天曾發生的種種事件讓我們處於興奮狀態，無法放鬆入睡，於是我們求助酒精、安眠藥、鎮靜劑或抗憂鬱藥物，讓自己恢復平靜。我們在興奮劑和鎮靜劑之間不斷來回擺盪的循環，讓已經疲憊不堪的神經系統負擔更加沉重。

越控制，越失控！適得其反的壓力管理

我們透過教育管道和專業知識，得知各式各樣的資訊、生活工具和紀律，但我們從不曾學會如何妥善回應壓力和處理難題。反之，我們會設法說服自己擺脫情緒，咬緊牙關撐過去，或借酒澆愁。然而研究顯示，這些方法並不管用，甚至可能有害身心。

靠意志力硬撐會讓壓力崩盤

研究證明，是我們的想法決定了情緒，而不是事件本身。如果要憑自己的意志力

壓抑暴走的情緒，是很難做到的事。

比方說，如果你在購物後回到車上，發現得繳一張三十美金的違規停車單，或許你會用「謝天謝地，還好車子沒被拖吊」，或是「真棒，幸好剛才買的那套設計師西裝有打折」這樣的想法來安撫自己，以平復你看到高額罰單的焦慮，因為那些小確幸能讓罰款付得很值得。

但是，如果你發現車子被拖吊，得付七百五十元美金的罰款才能取回，而且還讓你無法準時趕上一個重要的工作面試，那你可能得使盡全力克制自己，才有辦法不當場失控發飆。

在這類壓力急速飆升的處境中，如果試圖用意志力改變情緒，結果可能徒勞無功。為什麼要控制我們的心智會這麼難，尤其是在倍感壓力的時候？哈佛大學心理學教授丹尼爾．韋格那（Daniel Wegner）在幾個研究中證實，想要控制某個特定念頭的意圖（像是在節食中想方設法不吃垃圾食物，或克制自己不去想剛分手的對象），往往會在有壓力或精神超載的情況下瓦解，最終引發你放棄的想法，甚至讓我們的努力適得其反。對此，韋格那稱之為「矛盾反彈」（ironic process）效應。

壓抑負面情緒讓身心都生病

經常自我壓抑，希望能藉此忽略或轉移負面情緒的方式，其實會適得其反，不但會使人自尊、樂觀和幸福的程度偏低，憂鬱和記憶力衰退的程度也會偏高，而且對人際關係和社交生活都有負面的影響。

史丹佛大學的心理學家詹姆斯・葛羅斯（James Gross）就指出，設法隱藏情緒，會讓我們在生理上以更強烈的方式表現出來。比方說，憤怒或緊張會增加心跳速度，使掌心冒汗。事實上，不管你的談話對象是何人，當你充滿負能量時，甚至也會影響對方的生理，讓他們的心跳加速！

巧克力和酒精只是安慰劑

如果不採取具建設性的方法面對壓力，我們常會求助於補償性的行為加以舒緩，像是大吃大喝、酗酒和抽菸，或是藉著不停滑手機、看電視、玩電腦遊戲，甚至寄情於工作，來轉移注意力。但是，我們在那些時刻所從事的不健康習慣，最後往往讓我們感覺更糟。

大部分的人在脆弱或筋疲力竭的時刻都曾沉溺墮落過，當時唯一想到能讓自己心情好轉的，就是再吃一口甜食，或再喝一杯酒。雖然這樣做可以帶給我們短暫的慰藉，但顯然化解不了壓力。如果經常依靠它們，已經耗盡資源的神經系統會更加惡化。

就像前面提到那隻回復平靜狀態的羚羊，我們也可以重新設定自身的系統，使之重返平衡。但差別在於，我們不該藉由壓抑自己的感覺，或訴諸安慰食物、酒精等方式紓壓。我們根本忘了該如何自然回到平衡狀態，以至於矽谷新興公司居然正在發明專門為了能讓人冷靜下來而設計的穿戴式科技產品。

呼吸——高壓時代最需要的放鬆方法

我輔導過很多罹患創傷後壓力症候群的退伍軍人。在某次諮商中，有位退役軍人告訴我：「我知道自己現在是身在美國，也知道在購物中心裡不會有任何危險，但我還是得花上二十分鐘才能鼓足勇氣走進去。」這個例子說明，當我們處於高度焦慮狀態時，我們的心智和思考力是多麼愛莫能助。儘管理智上知道購物中心很安全，這名軍人還是需要在心理上長時間地說服與武裝自己，才有辦法進入賣場。

如果我們的思想和心智，並不是獲得韌性的最佳途徑，那什麼才是呢？答案是：我們的身體。身體狀態會影響心態，例如：太多咖啡因可能會讓你感到焦慮，或是飢餓可能會讓你脾氣暴躁。同理可知，如果你能讓身體擁有更多的輕鬆和自在，你的心智自然就會處於最佳狀態，有機會從壓力中復原。想想你在按摩、健行或泡熱水澡之後是什麼感覺就知道了。

可是，當人們身處艱困狀態需要立即的協助時，通常沒辦法泡個熱水澡，或去按摩放鬆。那麼，安頓身心最速效的方法是什麼？這個最佳解方就在你身邊，距離近到很容易令你視而不見，那就是：你的呼吸。

呼吸是我們無時無刻都在進行的事，可說是我們生命中最重要的動作，但它也是最容易被人忽視的一種行為，因為它大半都自動運作著（就像消化和心跳一樣），不會被我們覺察。但最特別的是，呼吸也可以由意志控制，是你有能力干涉的一種自律功能。

當你吸氣的時候，心跳會加快，感覺到活力；呼氣的時候，心跳會減緩，覺得放鬆。如果你深呼吸，或是放慢呼吸，也就是說，把呼氣的時間拉長，你的心跳會變慢，血壓會降低，啟動副交感神經。我們在前面說過，這個系統與警醒狀態相對立，能幫助你放鬆、緩和情緒與休息。

呼吸可以改變情緒

印度人道主義者與靈性導師詩麗・詩麗・若威・香卡（Sri Sri Ravi Shanker）一生中絕大部分的時間都透過他的「生活藝術基金會」（Art of Living Foundation），在世界各地傳授以瑜伽為練習基礎的呼吸法。他指出，「我們在這世間的第一個行為，就是深深吸進一口氣，而我們的最後一個行為，則是深深呼出最後一口氣。呼吸就是生命。可是無論是在家庭或學校，我們通常都沒被教導呼吸的重要性，以及它對心智與身體的影響……觀察自己是如何呼吸的。不同的呼吸方式也代表不同的情緒。正因為你的心智會影響呼吸，所以你也可以透過呼吸改善自身的心智狀態。」

許多研究都支持詩麗・詩麗的觀察所見。像是比利時心理學家皮耶・菲力波（Pierre Philippot）有份具啟發性的研究就顯示，情緒會改變呼吸。在這項研究中，測量受試者在感覺悲傷、恐懼、憤怒與快樂時的呼吸模式後發現，每種情緒都與一種呼吸模式相互連結，而且有跡可循。

例如，當我們焦慮時，呼吸可能快速短淺；當我們感覺平靜時，呼吸會深沉緩慢。大笑和啜泣則會讓呼吸變快，這也是呼吸與情緒狀態連動的例子。另外，當我們經過漫長又疲憊不堪的一天回到家後，人便頹然倒在沙發上，然後……長長地大嘆一口氣。

後來，研究人員又邀請另一群受試者，要求他們以「與某種情緒連結」的特定呼吸方式來呼吸。實驗中運用在之前研究中所發現的呼吸模式，請參與者照著做，然後詢問這些人的感受。結果發現，實驗者利用特定的呼吸方式，會感受到相對應的情緒：當呼吸深沉緩慢時，會感覺平靜；而當呼吸快速短淺時，則覺得焦慮或生氣。

我們可以利用呼吸改變感受，這是一項革命性的發現。有鑑於利用思想來改變情緒是件極困難的事（譬如之前我們就曾提到，「說服自己從情緒中抽離」根本是行不通的），如果能學會利用呼吸緩解負面情緒，的確是種威力強大且具減壓效果的方式。有項研究發現，光是給予參與者放慢呼吸的簡單指令，就能降低這些人在承受壓力時必須做出決策時所感受到的焦慮。

北卡羅萊納大學的神經學家史蒂芬・波格斯（Stephen Porges）博士說，緩慢而深長的呼吸之所以能立即見效的原因之一，是它能活化迷走神經（這是人類的第十條腦神經，連結我們的心臟、肺部和消化系統），繼而減緩交感神經（戰或逃）與腎上腺素的運作。這麼做可以使人迅速冷靜下來，更有效率地應付各種狀況。

波格斯解釋，利用腹式呼吸法（吸氣時，胸廓往外擴張，橫膈膜向下；呼氣時則反之）來增強迷走神經的張力，助益更大，因為它可以延長吐氣的時間。所以若我們花在呼出空氣的時間越長，就越能活化我們的副交感系統（放鬆和休息），減緩心跳，神經系統也會越放鬆，幫助我們更鎮定。

戰術呼吸法救了斷腿軍人一命

在我主持的一項研究中，利用了一種「呼吸干預法」，實驗對象是從伊拉克和阿富汗回國後，罹患創傷症候群的退伍軍人。我發現，這種呼吸法明顯能使他們恢復心理韌性。同時，我也研究了詩麗・詩麗・若威・香卡的呼吸技巧——淨化呼吸法

（Sudarshan Kriya），因為我聽說它對壓力和創傷很有幫助。

這些退伍軍人在經過為期一週密集的呼吸訓練後，症狀都明顯減輕了，他們不但能夠放鬆，而且效果在一個月，甚至一年後都仍持續著，顯示這種技巧具有長遠的正面影響。

以下還有一個實例，展示了呼吸技巧如何在最具壓力的戰爭情況下發揮作用。傑克・竇柏克（Jake Dobberke）是來自愛荷華州二十六歲的美國海軍陸戰隊軍官，他曾親身印證呼吸安定心神的力量。

當時，傑克身處戰火激烈交鋒的阿富汗，負責指揮車隊中的最後一輛車。這輛車被稱為MRAP，意為「抗地雷伏擊防護車輛」（Mine Resistant Armor Protected vehicle）。

在行進途中，車子輾過了一顆土製炸彈。在震耳欲聾的爆炸中，儘管裝甲車堅固無比，但仍受損嚴重。待塵埃落定後，傑克低頭一看，只見自己的雙腿嚴重骨折，還能見到破裂的褲管露出了肌肉和骨骼。

在這個緊急危難的時刻，傑克想起他曾學過的呼吸法。他讀過一本為現役軍人寫的書（大衛・葛羅斯曼中校的《戰鬥心理學》），描述了「戰術呼吸法」。這個練習是利用以四秒為單位進行呼吸和屏息循環，藉此平穩腎上腺素飆升與交感神經運作。

他利用這種方式呼吸，力求冷靜。首先他檢查陸戰隊同袍們是否平安，並指示駕駛發送求助信號，同時抬高雙腿，為自己綁上止血帶。等他確保每個人都安全無虞後，才躺下來休息，等待救援抵達。直到這時，他才失去意識。

後來，傑克雙腿的下半部被截肢了。事後他回憶道：「以我的失血量，如果不使用這種呼吸法保持冷靜，綁上止血帶的話，就會失血過多而死，或陷入昏迷。」

在他回到美國數年後，聽說了我的研究計畫，於是前來參加一場專為退伍軍人舉辦的工作坊。雖然呼吸能幫助他緩和紛亂的心思，但他也發現，一旦他放鬆後，當年那場意外的痛苦記憶仍會再度浮現。即使如此，他依舊堅持繼續上呼吸課程，因而能突破舊有的創傷和焦慮。「這是個提高生命品質的過程，幫助我能在人生道路上繼續前行。」他說。

裝著義肢的傑克在站立時也會疼痛，但看見他在我的婚禮上站起來，與他的朋友一起在舞池裡共舞時，我非常感動。

減輕壓力，能量升級，培養韌性

初步的研究已經發現，固定進行呼吸練習可以減少可體松，也就是「壓力荷爾蒙」的分泌，把身體調整到更平靜的狀態，更快從壓力中復原，還會減緩面對挑戰時的反應強度。

就像馬拉松跑者需要規律地訓練身體，為更長途的路跑做準備一樣，你也可以利用每天的呼吸練習，為神經系統做好堅強面對壓力事件的準備，幫助你在特定的情境中保持冷靜，比如在一場大型會議，或第一次約會中，讓自己表現出最好的一面，並且在事後更快恢復平靜，緩解緊張。

呼吸練習也可以提升肺活量，並增強能量。一般人平均只用到百分之十到百分之三十的肺活量，但運動員則學會百分之百利用他們的肺活量，因而具有持久力和耐受力。雖然成人神經系統的韌性通常會隨著年紀遞減，但專業運動員減少的速度則沒那麼快，因為他們的呼吸速度通常都比較慢。

呼吸既能減輕壓力，又能增強能量，這看來似乎有些矛盾。畢竟，在我們做出過度承諾、承受過多壓力的文化中，通常不會把「能量充沛」和「保持平靜」這兩件事聯想在一起。這種誤解也說明了，我們為什麼視壓力為完成事情的動力。

有一位就讀威斯康辛大學麥迪遜分校的學生，在參加我主持的呼吸工作坊時說，自從學會呼吸和靜坐之後，他感覺心平氣和、充滿喜悅，情況已經到了他會嚴重擔心自己變得遲鈍、無法保持在最佳狀態的地步。因為他和美國法警一起工作，所以憂慮自己會因為過度放鬆而失去警覺，忽視可能致命的危險。

最後，呼吸練習還能讓交感神經系統在不需要運作時得以充分休息。它能幫助你在下班回家之後更快舒緩壓力，睡眠品質也更好。因為在休息期間的徹底放鬆，能恢復身體與生俱來的韌性，因此你能更沉穩地迎接生命中的各種挑戰。

按下暫停鍵，生活更美好

我們太習慣東奔西忙，迷失在生活的「速度」裡，以至於要做到「切換到慢速檔」的改變似乎是天方夜譚。然而，你可以有意識地撥出時間進行能讓自己靜心的活動，把它們排進日常生活的例行事項中，比如在沖澡或刷牙時都可以進行。

重新訓練你的神經系統並非一蹴可幾，尤其是你的生活已經長期處在慣性忙碌的情況下更是如此。不過，好消息是，讓亢奮的生理與神經系統獲得恢復是有可能的。我在下面列舉了你可以練習的幾種方法。除了我非常推薦每天都可以進行的呼吸練習之外，還有一些也能平衡神經系統的方法。

此外，你可能有自己偏愛的活動，同樣具有恢復能量和安定心神的效果，比如游泳或瑜伽、到戶外散步兼遛狗，或擁抱你的孩子。無論是哪一種，只要是能讓你「慢活」，讓副交感神經能積極運作的任何活動，都可以嘗試看看。

深吸一口氣

剛開始，或許你會覺得做呼吸練習有點愚蠢，甚至還可能會覺得這真是無聊，但你馬上就會注意到其實它還滿有效的。

你的呼吸時時刻刻都與你同在，是你最唾手可得的工具。無論你身在何處，都可以練習呼吸以安頓身心，又不會引人側目。像是在爭論不休的董事會議上、當你的孩子在汽車後座耍脾氣，又或是你已經筋疲力竭、卻還得硬撐做上好幾個鐘頭的工作時，都可以深深吸口氣，幫自己穩定下來，擺脫煩躁。

要培養你和呼吸之間的密切關係，最根本的方法，就是每天花個幾分鐘，閉上眼睛，全神貫注在呼吸上，注意它的速度是快還是慢，幅度是深還是淺。

不用多久，你會開始注意到呼吸在一天當中會隨著感覺和情緒產生不同的變化。比方說，當你感覺恐懼來襲時，可能會發現呼吸變得越來越快，也越來越淺。這時，你可以有意識地減緩它的速度，利用把氣深深吸進腹部裡，進而讓自己放鬆。

像這樣，隨著你越來越能覺察自己的呼吸方式，你也會越來越能掌控它以及自己在當下的感覺，之後無論你遭逢何種艱難處境，都可以很自然地進行深沉緩慢的腹式呼吸。

鼻孔交替呼吸法

這種以瑜伽為基礎的溫和呼吸練習，有助於讓心智與情緒保持冷靜。你可能注意到，自己在某些時間，呼吸都只由一個鼻孔控制（也就是說，其中一個鼻孔是空氣順暢流過的，而另一個鼻孔的空氣量則比較少）。主導呼吸的鼻孔，是全天候在輪流交替的。

這個鼻孔交替呼吸法之所以有鎮定和平衡身心的效果，原因之一是這個練習能使兩邊鼻孔時時保持暢通，利用頻繁變換主要的呼吸鼻孔，可以減輕壓力，安撫情緒，保持鎮定。請按照以下的步驟練習：

一、閉上雙眼。將右手食指和中指放在眉心，大拇指放在右鼻孔，無名指和小指放在左鼻孔。左手安放在大腿上，掌心向上。

二、深吸一口氣，用大拇指封住右鼻孔，從左鼻孔吐氣。

三、從左鼻孔深吸一口氣，吸氣到底時，用無名指和小指封住左鼻孔，再從右鼻孔吐氣。

四、從右鼻孔深吸一口氣，用大拇指封住右鼻孔，從左鼻孔吐氣。然後從頭開始，再做一遍。

在練習大約五分鐘後，注意你的身心有何改變。

瑜伽呼吸法對一個健康的人來說，幾乎不會有任何危險，但是練習者在一開始偶爾會感覺睏倦或疲勞、短暫的刺癢、頭暈，又或者會覺得煩躁不安。建議最好和受過訓練、也有執照的指導員一起練習。

去散個步

研究顯示，在大自然裡短暫地散步，就可以顯著降低焦慮，保持正面的心情，甚至提升記憶力。

並非只有住在郊區或鄉村的人才能享受到這個好處。如果你住在城市，就選一座公園或一條有成排路樹的街道行走吧！甚至光是花四十秒看綠色植物的照片，都能讓你精神大振，提高專注力。

此外，大自然還能讓人們對天地間的奇景產生敬畏之心。敬畏感經常源於美麗的自然景色，比如燦爛的星空或遼闊的地平線，有研究指出，它能減緩我們感知時間的速度（這與壓力所產生的效應正好相反），帶領我們進入當下時刻，體會幸福感受，並且減低壓力。

照顧自己的健康

忙亂的生活方式所造成的結果，是我們無法注意到身體發出的警訊，或是我們會用戕害身心的方式，設法彌補自己感受到的壓力。像是吃不健康的食物、熬夜、忘記運動，又或是運動過度。我們會失去感知力和敏感度，忘記身體的健康會影響精神和情緒的安寧。

任何一個進行過健康飲食或運動計畫的人都知道，一旦我們開始照顧自己的身體，懂得為健康負責任時，立刻就可以發現改善的成效；而且正面的心智狀態，也會使我們擁有積極的人生觀與生活態度。

從事步調和緩的活動

如果跑步是你紓壓的方式，儘管這很健康，但不妨也試著進行比較和緩的運動。如果你通常參加激烈的熱瑜伽或動力瑜伽課程，那就反其道而行，選擇一個需要刻意放慢速度、而且不需要太費力的活動，比如：陰瑜伽[2]、修復瑜伽[3]，或太極拳。

2 動作緩慢、強調被動式伸展的一種瑜伽。
3 透過輔具，如瑜伽抱枕、瑜伽繩、瑜伽磚等的支撐，讓姿勢長時間停留的一種瑜伽。

擁抱你愛的人

雖然我們的時間表似乎經常排得太滿，抽不出時間陪伴朋友或家人，只能在開車上班的路上打個電話小聊一下近況，但別忘了偶爾還是要與我們愛的人碰個面，並利用肢體接觸表達親密之情。

有個研究證實，擁抱會使人心情愉悅、減緩壓力，甚至可以緩和疼痛，鎮痛效果比嗎啡還高六・五倍。

人生不是短跑，而是馬拉松

現在，讓我們回到一開始提到的那位銀行執行長。奧爾塔-奧索里奧遵照醫生的指示，請了十週病假休養。之後，重返工作崗位後的他，仍繼續扭轉勞埃德的頹勢，讓這家銀行自二〇〇八年以來，首次重新分發股利給股東。

很顯然，長期讓身心處在壓力下的奧爾塔-奧索里奧，知道自己必須遠離那個令人喘不過氣的過勞與高壓環境，否則不但將影響他的工作表現，更會使他的健康付出慘痛的代價。事實也的確證明，當他暫停工作一段時間，不但不會讓生活陷入停滯與帶來災難，反而能讓他的身心獲得充分的休息，帶著清晰的頭腦與堅韌的意志重返工作崗位，並為公司謀取更大的獲利。

「壓力」是無可避免的必然，但「有壓力」不必然代表就會很糟糕。重點在於，你如何對待壓力，將決定壓力如何影響你。打個比方來說，運動員在每次訓練和比賽時，都讓他們的身體處於壓力之下，但是他們的成功和生理恢復速度是成正比的。雖然你的日常壓力不同於運動員的壓力，但處理的概念是一樣的：你的成功由你的復原速度決定。

我們在本章中提到很多方法都能幫助你找回身體失去的平衡，將壓力轉化成為助力，並適時為自己踩煞車。但無論你是選擇呼吸課程或其他同樣具有身心撫慰作用的活動，這些練習都需要日積月累才會日起有功。就像上健身房一樣，必須日復一日重複進行，只要持之以恆，你終能看到神經系統的奇妙轉變。

◆善用壓力，成為助力。

短期的壓力可促進身體腎上腺素的分泌，並激發出更佳的精神與體力。像是當運動員聽到觀眾的熱情歡呼時會感到興奮，激勵他表現出最好的狀態。

但長期且過大的壓力則會傷害身體，最終轉化成長期的慢性壓力，這可能導致出現某些疾病，甚至影響到你周圍的人。

壓力是好是壞，端看你如何管理。巧妙掌控的技巧就在於：要善用短期壓力的好處，同時又不會成為慢性壓力的禁臠。換句話說，維持長期成功的關鍵，是學會利用壓力衝浪的高明技巧，積極地應對壓力，盡可能從壓力中成長，避免更多壞壓力產生。

◆改變情緒，從呼吸開始。

每種情緒都連結著一種呼吸模式。例如，當你感覺焦慮或生氣時，呼吸會急促短淺；心境平和時，呼吸是深長緩慢的。

研究證實，如果我們能藉由控制與調節呼吸的方式，就能感受到相對應的情緒，像是利用深呼吸來保持情緒平穩，就是最好的例子。如果是情緒急躁的人，也可以利用改變呼吸的方式進而調適情緒。

◆強化韌性，就能幫你挺過挫折壓力。

長期的壓力可以經由身體自然康復的能力而得到抑制，這就是「韌性」。像是羚羊在逃離捕獵者追捕的幾分鐘後，便能恢復鎮定，平靜地吃草。

人類同樣也有這樣的天賦，例如小孩子瞬間就能破涕為笑，快速回復平靜。如果沒有這種天賦，我們將很難適應生活的挑戰。只是現在人們在面對壓力時，這種對付挫折的心理抵抗力變弱了。

有一些可以強化韌性的訓練，能幫助你平靜面對每天的挑戰。像是利用鼻孔交替呼吸法、散步、注意健康、擁抱所愛的人等方式，都可以幫助你走出低潮逆境，不被挫折打倒。

三、

管理身心能量，別再用意志力苦撐

你可以忙而不亂

能讓人有優越表現的基礎是能量，
而非時間。

——吉姆・洛爾（Jim Loehr）、
東尼・史瓦茲（Tony Schwartz），
《用對能量，你就不會累》

這兩名對手，一開始動作是緩慢的，接著他們就快速移動，彼此的手腳交纏抓抱著。房間裡唯一的聲響，是他們身體在墊子上移動的碰撞聲。難怪練習的時間被稱為「翻滾（rolling）」。

在這種源於柔道的巴西柔術中，大部分的動作都是在地板上進行。巴西柔術在某次舉辦「終極格鬥錦標賽」時一炮而紅，那是一種綜合性的武術賽事。原本的形式，是參賽者在當天的比賽中，可以運用任何形式的武術，與任何量級的對手進行多次格鬥，比賽沒有太多的規則限制。

一九九三年，巴西的柔術傳奇人物霍伊斯．格雷西（Royce Gracie）首次將這種格鬥形式引進錦標賽中，在隨後的幾場比賽也大獲全勝，擊敗比他更高大強壯的對手，因而被公認是綜合武術歷史上最有影響力的格鬥士之一。在武術中，體重往往被視為是種優勢，但格雷西證明，只要你有技巧，體重是輕或重並不重要。

麥克．海特曼（Mike Heitmann）是在南加州某些治安最差的地區輪值夜班的警官，也是黑帶的柔術高手，他向我解釋了這種有違一般人直覺的觀念。我會認識麥克，是因為他來參加我為退伍軍人開設的呼吸與靜心課程，（他也是美國海軍陸戰隊的退役軍人，曾在法魯賈戰役〔Fallujah〕中擔任步兵，那是伊拉克戰爭中死傷最慘重的戰役之一。）他在課堂上體驗到的深度放鬆，讓他與我分享柔術的致勝祕訣，那就是：能量管理。

能者多勞，忍者過勞

在格鬥中，使勁和賣力只會讓你筋疲力竭。你會失去冷靜而犯錯，你會疲憊不堪，因而被對手擊敗。反之，如果保持平靜，你就能節省能量，也能憑藉直覺知道下一步該怎麼做。要贏得柔術賽局，關鍵不在於使勁拚鬥，而是懂得放手。亦即不是讓自己加速行動，而是要釋放所有的緊張和壓力。說也奇怪，當你不用蠻力，也不莽撞，而是以冷靜的觀察做出準確的判斷時，就能獲勝。

我們多半相信，自己得像使盡渾身力氣搏倒對手的傳統鬥士般，唯有卯足全力才會成功，並且必須仰賴鋼鐵般的意志完成挑戰，克服恐懼。但結果就會和那些鬥士一樣，到頭來精力耗盡，心力交瘁。

我們全心投入工作和生活的強度，所付出的高昂代價就是「過勞」。心理學家為工作過勞所下的定義是：筋疲力盡，情緒耗竭。你甚至可能還會產生解離的症狀（也就是與自己產生疏離，自我感喪失），也無法順利完成工作。

在各種專業領域裡，我們的過勞程度正在升高，以下就是一些讓人憂心的驚人例證：

- 從事服務大眾工作的專業人士，比如教師、護理師、社工等，尤其容易過勞。例如，在美國有百分之四十五的醫師有過勞的現象。
- 專業的理財人士也嚴重過勞，全球百分之五十至八十的銀行工作人員更是徹底過勞。光是在美國，就有百分之六十的男性銀行從業者和百分之七十的女性銀行從業者過勞。
- 在非營利組織中，有百分之四十五的年輕雇員堅決表示，他們下一個工作不會再待在非營利組織，據稱過勞是他們不願再從事這行的原因之一。
- 壓力過大並不是我們在工作上產生過勞的唯一主因；其他像是缺乏挑戰、變化或動力等，也會是原因。不過，雖然你無法掌控這諸多因素，但你可以決定如何消耗與管理你的能量。

也許你也已經察覺到自己具有過勞的一些徵兆，例如，當一天結束時，你會覺得筋疲力竭，肩膀緊繃、下巴肌肉很緊；又或者睡覺時你會磨牙。以下是「梅約診所[4]」所歸納出的一些過勞症狀：

- 在工作上變得容易冷嘲熱諷、吹毛求疵。
- 強迫自己去上班，但到公司後完全提不起勁。
- 面對同事或客戶變得暴躁易怒或不耐煩。
- 缺乏發揮生產力所需的能量。
- 對你的工作有幻想破滅的感覺。

4 Mayo Clinic，世界著名的醫療機構。

就像麥克解釋過的，如果你把所有能量都投注在格鬥上，就會累垮自己，終至敗北。能獲得最後勝利的，是在壓力下仍能保持冷靜，節省能量，當最需要它時，能有意識又慎重善用它的人。

累到沒電?!因為你的心硬撐太久了

為什麼工作一整天後，我們回到家就如同殘燭般燃燒殆盡，徹底地累垮了？一般來說，提到「疲倦」，我們會覺得與身體因素有關，像是缺乏睡眠、經過激烈運動，或是長時間的體力勞動。但奧瑞岡大學心理學教授艾略特・柏克曼（Elliot Berkman）指出，我們白天用在工作上的勞力，不一定是我們回家後會感覺疲倦的原因。

「你的身體真的已經累到你無法做任何事了嗎？」柏克曼提出這樣的疑問。「其實，人們得工作一段很長的時間，才會累到體力完全透支。」假設你是建築工人、在田裡幹活的農夫，或是日夜都得輪班的住院醫師，那麼，沒錯，體力透支可能是你疲倦的原因。但如果不是這些狀況，那麼你的疲勞很可能是心理因素造成的。

在檢視情緒時，心理學家會利用兩種向度作為標準：一種是正面——負面，另一種是高強度——低強度。換句話說，就是情緒反應是正面（如：興高采烈、鎮靜沉著）或是負面（如：憤怒、憂鬱），又或是高強度（如：興高采烈、憤怒）或低強度（如：沉靜安詳、悲傷）。

研究證明，我們——尤其是西方人，特別是美國人——非常偏好仰賴高強度的正面情緒。曾和我進行過數次研究的史丹福大學的珍・蔡，根據她所做的調查顯示，當你問美國人，如果能選擇的話，他們比較喜歡什麼樣的感覺，他們很可能會回答是高強度的正面情緒，例如興高采烈和歡欣雀躍，而不是低強度的正面情緒，像是放鬆或滿足。換句話說，美國人把「快樂」和「高強度」畫上等號。相對來說，東亞文化則重視低強度的正面情緒，比如氣定神閒與心平氣和。

於是，珍和我共同做了一個研究，想瞭解為什麼美國人會如此重視高強度的正面情緒，結果我們發現，美國人相信他們需要高強度的情緒才能成功，尤其是在扮演領導角色或影響他人層面上更是如此。這種強度會反映在我們用來討論成就目標的語言之中，例如：「我們要積極進取、充滿熱情，這樣才能讓人熱血沸騰，進而歡慶獲勝。」——這些表達方式全都顯示，我們需要處於某種強烈的「攻擊模式」中，挺身

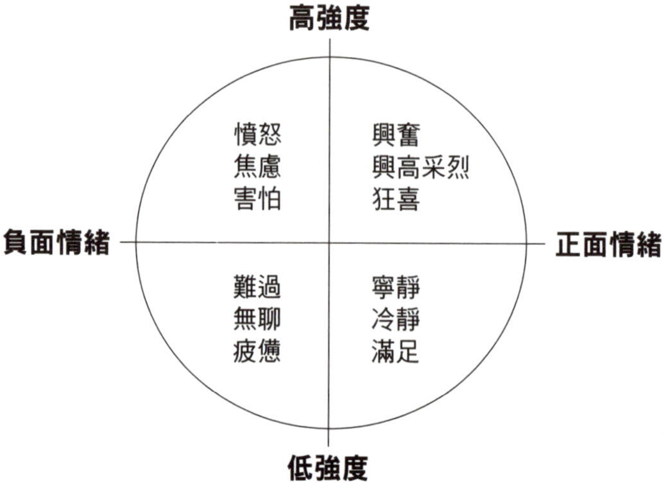

▲將各種情緒予以衡量和分類的「情緒向度」

前進，而後完美達陣。

然而問題是，強烈的情緒反應在生理上會造成沉重的負擔。即便是在愉悅歡樂的情況下，興奮這樣的正向情緒，也會和焦慮或憤怒之類的負面情緒一樣，產生心理學家所謂的「生理激發」，包括心跳加速、汗腺發達，而且容易受到驚嚇，因為它會活化身體的壓力反應。所以當興奮持續的時間較長或過度興奮時，可能就會超過人體所能負荷的程度。換句話說，無論強烈的情緒是來自焦慮之類的負面狀態，還是興奮之類的正面情況，都會增加身體的負擔。

此外，強烈的情緒也會造成沉重的精神負擔。當我們的生理機能被激發、並受到過度刺激時，會不容易專注。根據腦部造影的研究顯示，當我們感受到強烈的情緒時，杏仁核便會活化。此時，我們需要利用一個不同的腦部區域（位於前額葉皮質）加以控制並調節情緒，讓自己保持冷靜到足以完成工作。（要達成這種情緒調節是有訣竅的，稍後我會解釋這一點。）

結果呢？你會容易疲累。無論你是因為焦慮某個計畫得在期限內完成，還是聽到天大的好消息而感到興奮異常、熱血沸騰，這都將耗盡你最重要的資源——能量。

當然，興奮是種正面情緒，而且它肯定比壓力的感覺好很多。但這就像吃甜食之後的愉悅，可能有一陣子你會感覺很好，它把你的生理狀態high到送上天，但最後也可能讓你慘跌摔落地。因為沒多久你就會覺得累，且疲倦席捲而來的速度遠比你當初感受到正面情緒更快。

自制力有限，也不可能隨傳隨到

自制力——這種面對誘惑與干擾卻仍能堅持目標的紀律，無論你稱之為意志力、毅力或自我掌控，都是你忽略自身的感覺、無視於外界誘惑，即使面對困難挑戰也要完成任務的決心。

「我可以抵擋一切，除了誘惑以外。」王爾德（Oscar Wilde）如是說。很多人可能都會對他的話深感共鳴。全世界有高達五十個國家的人，都一致認為「自制力」是他們最缺乏的特質。

你可能聽過一個經典的心理學實驗：俄國諾貝爾生理學家巴夫洛夫（Pavlov）注意到，在讓一隻狗習慣鈴聲一響就有人餵食後，之後這隻狗只要一聽到鈴聲就會開始流口水。

這種被稱為「古典制約」的反應，就像人們一看到收件匣有新的電子郵件，或聽到語音訊息的通知鈴聲時，便會發生在我們身上的現象一樣，我們會變得亢奮。研究顯示，人類天生就容易被新奇事物吸引，查看剛收到的新訊息，遠比處理每天的例行公事要來得刺激。

由於多數人都沒有如國王般可以命令他人的權力，並且必須靠著與他人合作才能生存，因此我們勢必要克制自己的野心、貪念以及性衝動，而人們在工作上多半花費了許多努力來控制自己。想想看，如果當你的老闆或同事批評你時，能直接賞他們一頓排頭，發洩怒氣；又或是能不顧一切倒頭就睡，不用熬夜加班趕明天開會需要的資料，那種誘惑是多麼強大啊。此外，我們現今處於3C產品充斥的分心時代，更令人無法克制想立刻回應的衝動。

我們一整天都試圖在工作時壓抑神遊的思緒，這種自我控制著實令人疲累不堪，而它更在四種層面耗盡我們的能量：

一、控制你的衝動

面對五花八門的網路資訊、社交媒體與電子信箱訊息的諸多誘惑，我們仍須奮力地把專注力拉回工作中，而不是放棄或屈服於分心之事（查看臉書）或誘惑（提早下班去和朋友聚會）。

二、控制你的表現

儘管你一週超時工作長達八十個鐘頭，幾乎沒怎麼睡，但仍堅持全力以赴。

三、控制你的行為（尤其是情緒表達方式）

即使工作氣氛不融洽，或是你的同事、主管做出你不認同的決定，你也要維持尊重的好風度。

四、控制你的思想

儘管很多念頭盤據在你的腦海裡，例如：「我累了，好想回家休息」，或「我乾脆辭職算了」，或者「我擔心我在乎的人是否會因為我說的話而不高興」，又或是不斷幻想著你下一次的假期。但無論你有哪些實際或天馬行空的想法，你都還是把它們拋諸腦後，專注在工作上。

意志力不是蠻力，拚盡全力未必會贏

佛羅里達州立大學教授、也是世界知名的自制力研究權威羅伊・鮑梅斯特（Roy Baumeister），將自制力（也可說是「意志力」）比喻成肌肉，雖然透過訓練可加以強化，但它也會因為長時間使用而疲勞。當我們過度使用自制力，反而會導致相反的效果，那就是完全失控。如果你曾經嘗試過節食或運動計畫，或者許過新年新希望，就會知道要持之以恆是多困難的事。最常出現的結果就是我們功敗垂成，狂喝狂吃得比節食前還嚴重。

在一系列研究中，鮑梅斯特發現，如果在某項需進行多次練習的研究中，受試者在第一個練習裡先發揮了自制力，那麼在下一個練習裡，他們很容易就衝動行事，顯示出「意志力疲勞」，或他所謂「自我損耗」（ego depletion）的徵兆。

比方說，在一項實驗中，研究人員烘烤了香氣四溢的巧克力脆片餅乾，然後部分受試者可以品嚐巧克力餅乾；另外有些人則只能眼睜睜看著誘人的餅乾但不能大快朵頤，而是吃擺飾在點心旁的櫻桃蘿蔔。之後，再讓這些受試者解答一個他們不知道根本就是無解的謎題。結果顯示，被迫無法享用餅乾而只能吃櫻桃蘿蔔的人，跟那些吃過巧克力的人相比，會更快放棄解題。

在另一個實驗中，則是要求一半的受試者為自己不認同的觀點（例如：提高學費）進行辯論，另一半的受試者則不必參加，之後讓這兩組人進行一項困難的任務。這次再度證明，在心理上是正方、卻得站在反方立場進行辯論的那些受試者，會更快放棄解題。

由上述實驗可知，不論是壓抑感官上的欲望（不吃巧克力）還是違背自身信念（支持反對的政策），都會消耗自制力，使人更容易產生放棄的念頭。自從鮑梅斯特率先證實這個效應以來，已有超過兩百個研究也得到相同的結果，這些都更證明，「強化自我控制，時間一久就會讓人疲勞」的觀點。

以下還有三個經過實驗證明的有趣例證，能說明意志力不可能永遠處於滿格的狀態。壓抑感情和衝動，刻意集中專注力，就會讓意志力的油錶下降。

例證一：人在早上比較誠實、下午容易撒謊的「早晨道德效應」

有沒有發現，你的自控力在上午比較強，但稍晚就會變弱，到了半夜可能甚至完全消失殆盡？

這個現象同樣也是意志力疲乏所致。研究顯示，如果白天需要長時間自我控制（例如壓抑工作的不滿情緒），晚上你更有可能會飲酒過量。整天忍住不吃高熱量食物，下班回家後反而更容易暴飲暴食。早晨時，我們可能有足夠的意志力早起運動，但經過一天的壓力與抑制衝動，晚上便難以抗拒躺在沙發上追劇的誘惑。

有個研究甚至證實，隨著一天中時間的推移，我們做出不道德行為的可能性就會越高。這種產生「早晨道德效應」（morning morality effect）的部分原因，就是下午的自控力減弱所致。另一份研究則發現，在必須拒絕誘惑之後，人們反而更可能說謊或行為不檢。

這或許能解釋為何某些從事高壓工作者常會嚴重失控或爆出醜聞的原因，像是媒體經常大肆報導政治人物和高階主管捲入婚外情或收受賄賂的諸多負面新聞。這些人在工作上通常需要極高的自制力，長時間維持完美的形象，言詞必須字斟句酌，在無數的會議與決策中保持專注。然而，當工作量超出負荷，壓力繁重，需要靠強烈的意志力加以支撐時，最終這種自制力就會耗盡，更容易做出錯誤的決定。

例證二：越控制就越失控的「矛盾反彈」

已故的哈佛心理學家丹尼爾・維格納提出了「矛盾反彈理論」（ironic processes）：當我們壓抑一個念頭（比如：經典的「不要想白熊」實驗。心理學家先請參與者盡最大努力「不要」去想白熊，然後看這些人會想到白熊幾次），反而會讓大腦持續監視是否成功抑止了那個念頭，結果使「別去想」的念頭更頻繁浮現。這也是為什麼越是強迫自己不要分心，反而越難專心。

例證三：過度自制會使血糖降低，讓人疲累

鮑梅斯特的研究還發現，意志力之所以會先減弱，而後崩盤，是因為它會導致血糖值大幅降低，在肉體上讓我們疲勞。

大腦主要依賴葡萄糖供給能量，而自我控制格外耗能，因此，低血糖將導致自制

力衰退，使身體疲倦，而這可以解釋何以在一整天工作結束後，儘管我們並未從事任何激烈的體力活動，但仍覺疲累不堪。

同樣的效應也適用於飲酒：酒精會使血糖降低，令人更難控制自己。當然，自制力和紀律對成功至關重要，但當我們對自己過度施壓，會讓身心俱疲，結果更難實現目標。因此，在任何型態的壓力或負擔之下（其中也包括對自我的要求與督促），過度抑制本能與欲望，可能會讓我們落入相反的結果——失去掌控力，甚至違背初衷。

負面想法力量大，光想就覺得累

我們很容易被盤桓在腦袋裡的許多想法搞得頭昏腦脹，疲累不堪。我說的不只是你專注在複雜任務上那種集中式思考，像是分析資料、撰寫報告，或處理專案的細節等。最讓你筋疲力竭的想法，可能和你的工作並沒有直接的關聯。以下就是幾種例子。

過度擔憂和災難化思考會導致壓力

你可能不認為過度擔憂是造成疲倦的原因之一，卻一直讓「我絕對無法如期完成的！要是我搞砸了怎麼辦？」「到底如何才做得完?!」這類的焦慮念頭揮之不去，這將大幅耗盡你的能量。

研究顯示，擔憂將導致疲倦，因為我們會想像和預料負面事件的發生，如此一來，壓力指數便會急遽攀升，我們的身體相信危險將會到來，神經系統也會隨之高度活化，於是，我們的心跳加速，掌心冒汗，身體準備發動免疫反應，結果就是：我們累斃了。

原來，造成壓力的，往往不是列在待辦事項清單上的諸多事情，而是你得硬撐著完成事情的那份憂慮。比方說，你是否有過該做的事卻拖延長達數星期才處理的經驗？每次你一想到它就焦慮不已，因為你根本就還未進行。你似乎是把這件事放在心上，但實際上卻是將之拋諸腦後，只因你一直鴕鳥心態地逃避著。然後有一天，你終於下定決心處理，而且在一小時內就做完了。這時你才赫然發現，那件事根本沒什麼大不了，也不累人啊。但是長達好幾個禮拜，你卻一直處在緊繃的壓力下也不願去面對。

過度擔憂也可能讓你愛鑽牛角尖，走入執著而極端的死胡同裡。例如，如果你被同事霸凌，回家後仍一再回想當初的情境，並思考著以後該如何面對這類的狀況。這些念頭不但讓你精神耗弱，而且也會干擾睡眠，讓你無法充分休息。

胡思亂想也可能導致你將事情「災難化」。這是心理學家使用的一個術語，是指不理智地害怕某件可怕的事將會發生。你可能會不斷想像所有最糟的情況，像是：「如果我這個案子搞砸了，就會被炒魷魚，然後我會沒收入，從此流離失所。」或是，當你犯了一個小錯誤時，就認定自己是個徹頭徹尾的魯蛇。這些負面思考增加了不必要的壓力，讓我們身心俱疲，進而擊垮我們。

累由心生

你對疲勞的信念，會大大影響你實際感受到的疲憊程度。事實上，俄勒岡大學的神經系統科學家艾略特・伯克曼（Elliot Berkman）就指出，疲倦往往是因「你的信念」而生，而非由生理上的實質耗竭所定。

在一份發人深省的研究中，史丹福的心理學家卡蘿・德威克（Carol Dweck）藉由要求參與者挑選他們贊同的陳述，來評量人們是否相信「意志力是有限的資源」。他們要求參與者選擇是否認同下面的說法，比如：「在經歷高強度的心理活動後，你的能量已經用光了，必須休息才能恢復。」（資源有限理論）又或是「即便經過高強度的心理活動後，你的精神與耐力也會自行補充並恢復，讓你能繼續全心投入工作。」（資源無限理論）然後在參與者進行一項會消耗大量精力的任務後，測量其疲倦程度。結果發現，參與者的信念決定了他們的意志力是否會減弱：如果你相信某項任務會讓人疲累，那它就會成真。

在另一項研究中，不論參與者是否完成累人的任務，研究者都會就「該任務讓他們感到多疲倦」這件事，給予不實的反饋。那些被告知他們會比較疲倦的參與者，無論是否執行了累人的任務，在後續的記憶測驗上都會表現得比較差。這個結果顯示，人們對於疲累的信念是如此強大，以至於它的確能直接影響我們的表現。

上述諸多實驗都證明，人一旦覺得疲憊，認知能力也會受影響，無法表現出自己最好的一面。

我有一位同事，他超痛恨我們經常得負責安排的大型活動和會議，總認為它們鐵定會讓人累到趴。只要是活動舉行的那天，當他一早走進辦公室就會大喊道：「世界末日要到啦！」而且在活動結束後也真的完全累癱，必須請假好好休息。

相反地，我有些同事則對於舉辦這類的大型活動滿懷期待，在隔天上班時也依然活力十足，能量滿滿。

如果這個現象聽起來就像安慰劑效應，那麼你答對了。的確有越來越多的研究顯示，我們的心智會影響工作能力，也決定我們是會覺得疲累又或精力充沛。

當我們在心理上被推向極限——無論是因為強烈的情緒、自我控制過度，還是因為過度擔憂與對疲勞的錯誤信念——我們其實是在耗損寶貴的能量，而這些能量正是高效工作所需的關鍵資源。當我們接下來在面對挑戰或關鍵任務時，卻因為過度疲憊，導致認知能力下降，無法發揮最佳表現。

好消息是，我們可以改變這種情況，學會做好能量管理。祕訣就是：保持平靜。

「平靜」是能量的充電器

當我們純粹因為身體因素而感到疲累時（譬如，跑了一場馬拉松），要恢復體力的方法很簡單，就是休息。然而，當我們筋疲力竭的原因是來自心理時，休息就不一定有效了。我們得從心態上解決這些心理因素，畢竟心病還需心藥醫。但該怎麼處理呢？

在第二章曾提到，控制思想和感覺並不容易。此外，研究也顯示，雖然負面思想會消耗我們的能量，但若試圖控制這些思想反而會讓疲倦變本加厲。這裡要告訴大家的，就是平靜可以發揮作用之處。

相信你一定體驗過在感到放鬆和心安時，大腦裡千頭萬緒的雜念停止奔馳的平靜感覺。研究證實，在心境平和時，你對身邊事物所關注的範圍會擴大，更包羅萬象、更敏銳，你能察覺與吸收的資訊也會更寬廣且深入。

在我曾負責的一份研究中，邀請了兩位參與者進入實驗室。第一位參與者要聽從第二位參與者的指示，進行一項解題的任務，所以第一位參與者必須仔細傾聽夥伴提供的指引。當我詢問每一組的第一位參與者，他們希望在任務中想擁有何種感受時，他們都表達出想要盡可能保持冷靜的渴望。顯然大家都知道，當人處於沉著鎮定的狀態時，比較能控制自身的想法和感覺，保持頭腦的清晰，避免做出錯誤的判斷與決定。

在第二次世界大戰期間，英國政府曾製作海報來提振人民的士氣。其中有張海報寫著：「保持平靜，繼續前進。（Keep Calm and Carry On）」這張海報是當初英國人打算若遭德國入侵時要張貼使用的。最近，這句話以及其幽默的改寫版本，被廣泛運用在T恤、咖啡杯、包包，甚至成為臉書上的流行迷因。一九四〇年代由一位英國公務員創造的睿智標語，背後蘊藏的意義遠不止表面那麼簡單。科學研究發現，保持冷靜有助於節省心靈能量，使人不費力地展現自制力，並提供新的視角，減弱負面思維的力量。

保存能量，「夠好」就好

我們通常不會把平靜、放鬆之類的低強度情緒和「成功」聯想在一起，它甚至可能更代表著遊手好閒、不事生產。我們之所以會感覺平靜，通常是因為我們正在度假、在海邊，或是正坐在瑜伽課結束時的墊子上。當我們忙著談生意，或要如期完成一個大案子時，很難保持平靜的心態。因此，平靜常給人被動、懶惰、無精打采或無能的刻板印象。

然而，與大家認知完全相反的，平靜並不會降低你的產能，也不會讓你變得消極。反之，它能讓你以更少的能量完成工作。因為平靜是種低強度的情緒，不會刺激你的生理機能，使你的心跳異常加速，掌心不會冒汗，呼吸也能保持平穩，你的身體是放鬆的。在一天結束時，你不會因為能量用光而彷彿快虛脫般，而能有效保留能量，並在需要時加以運用。

你可能以為自己真的很享受截止期限之前進逼的焦慮和興奮這種「快感」，因為它們會刺激你迅速採取行動。壓力和興奮的確是能量增強劑，「能量」飲料之所以這麼受歡迎，就是因為其中的咖啡因會提高因應壓力而分泌的腎上腺素。但如同我之前曾說的，在飲用能量飲料幾個小時後就會回到之前體力不支的狀態，強烈的情緒也會很快回復到筋疲力盡的狀態。

當然，我的意思並非你應該完全避免感受到興奮或其他強烈的正面情緒，它們的確能帶來喜悅，也能產生動力。但如果能確實瞭解正面和負面這兩種極端強烈情緒對生理的影響，你就能更巧妙地運用它們。你的確可以在適當的時機善用高強度情緒，像是在主持團隊會議時，你可能希望展現熱情與感染力，激勵團隊士氣；但如果隨時都處於這種超high的狀態，就是不明智的能量運用方式。

比方說，你做每件事都要求自己得全力以赴嗎？你是個非得把事情做好做滿的完美主義者嗎？凡事真的都必須符合你滿分的高標準才行嗎？還是偶爾也可以適度放寬設限，讓某些事情只要達到九十分就好呢？追求完美可以使人進步，但過分追求完美則會把人逼瘋，因為它會鞭策你求好心切，不願意降低自己的嚴格要求，也不斷追求不切實際的目標。

此外，與運動或學術領域相比，在職場上的完美主義者更容易導致倦怠，因為這些人總是給自己設定難以達成的標準，持續活在高壓狀態中。難怪完美主義與焦慮、憂鬱，甚至萌生自殺念頭有密切關係，並影響工作表現。

保持冷靜能讓你更客觀審視自己的工作方式，並合理分配能量。很多時候，其實只要表現得「差強人意」就夠了，有些工作可能並不需要和大案子一樣投入相同程度的精力。有時你需要的不是一直努力，而是知道何時該停止努力，並告訴自己「這樣已經夠好了」。

平靜也能表達憤怒

你可能擔心，保持冷靜會影響你發揮影響力。但事實上，冷靜並不會妨礙你強力表達自己的觀點。

例如，我曾經自願幫忙籌辦一項大型的演講活動，當時預估將會有數千人前來參加，我們的演講者妲努嘉・利瑪雅（Tanuja Limaye）是位長期的冥想修行者，她將現身說法何謂「平靜」。在會場我看到她凡事都瞭若指掌，對每個人都和顏悅色地予以鼓勵，而且也一直保持心平氣和。

有一次，她不得不責備一名犯錯的工作人員時，我特別觀察了一下，看她有沒有說話提高音量、充滿怒氣的樣子。我看得出來，她並沒有表現出這些徵兆。

當有人生氣時，你通常可以感覺得到，他們可能會臉色漲紅，有時甚至還能感受到他們心跳加快。但那時，妲努嘉以一種有力的方式進行溝通，語氣堅定地表示自己的失望，並清楚傳達訊息，讓那位員工立刻完全明白她的意思。

利瑪雅的內心依然十分平靜，她沒有氣得跳腳，也沒有心浮氣躁。兩分鐘後，她就和那位工作人員談笑自若了，彷彿剛剛的事情從未發生。她有效完成了溝通，卻沒有浪費任何多餘的能量。

這就是冷靜的力量——它不僅讓你更高效地管理能量，還能幫助你以更有智慧的方式影響他人。

有意識地停止胡思亂想

在襁褓的嬰兒時期，我們只懂得關注自己的內心世界，像是感覺餓或渴，想睡或害怕等。等到年事漸長，內在世界變得越來越陌生、遙遠，因為我們會優先感知外界的環境，會吸引我們注意的事物是：電話鈴聲、走進辦公室的同事、急迫的電子郵件訊息、電腦螢幕、報上的文章和食物的香氣。身為成年人，往往只有當內在覺知（也就是我們的思想與情緒）發出警報或突然讓人感到驚訝，比如感覺愉快（「哇啊，好好吃喔！」）或痛苦（「唉喲！好痛！」）時，我們才會把頻率對準它，察覺自己真正的感受。

雖然我們往往不太關注內在覺知，但它的重要性遠超過我們的想像。由於那些讓我們感到疲憊的負面想法與信念會強烈影響我們的能量水平，因此，當這些念頭浮現時，能夠察覺它們就顯得至關重要。內在覺知讓我們能夠觀察這些信念與想法，而不是讓它們主導我們的行為。

大腦中，有條專門負責內在覺知的神經通路。但是當你因為高強度情緒而處於緊繃狀態時，由於大腦的其他區域已經處在高度警戒狀態，所以要啟動這條通道就比較困難。無論你正經歷的是快感、興奮，又或是焦慮不安，你的思緒都可能飛快運轉。在這種情況下，你任憑自己的心理狀態擺布，說的話和做的決定都直接反映出內心的壓力。結果，你的想法無法保持清晰或理智，你也比較可能衝動行事，說出或做出會令你後悔的事。

但如果你能從容不迫，泰然自若，就比較容易覺察到內心的感受，觀察思緒的活動。如此，當你注意到自己開始陷入焦慮和慌亂時，便能有意識地選擇不被那些念頭左右，或有效抑止這些雜念。

另一方面，你也可以站在旁觀者的角度，客觀地觀察自己的念頭，彷彿只是看著在螢幕上播放畫面的觀眾。例如，你可以不用這樣自責：「我擔心老闆會在年度檢討中批評我如何如何……」一再反覆推演老闆可能把你臭罵一頓的最慘情況，你只要注意到：「我發現自己現在很焦慮。」像這樣，只是如實地自我觀察，但不要在負面思緒上火上加油。又例如，如果你擔心地想到：「我這次演講時非得拿出最佳表現不可，要是出錯就太丟人了。」這時你可以告訴自己：「注意囉，我又在杞人憂天了。」

與其忙著回應心中諸多紛繁的雜念和情緒，不如選擇不與它們互動。別試圖抗拒它們，這樣做只會讓擔憂的想法力道更強。你只要接受它們的存在，但不必認同它們。如此，你的情緒將不再主宰你，你不再是衝動念頭的奴隸，也不用被感覺推著走，而能有意識地決定言行。不讓負面和有壓力的思緒榨乾你，就能保留自身的能量。

冷靜是「行動」中的「無為」

東方文化向來將平靜視為一種極為強大的力量。中文的「無為」這個詞，在道家思想及其經典《道德經》中，被形容是生命之鑰。

這部經典提倡「為無為」，亦即「無為而治」。這聽來像個謎語，但其中蘊含了智慧。解讀這句話的一種方式是：冷靜是「行動」中的「無為」。

你可能需要在一場重要的客戶會議中做出精彩的提案，或是正洽談一筆至關重要的交易，但你的內心可以保持淡定沉著。正因為如此，你將觀察得更敏銳、傾聽得更仔細、溝通得更有技巧，而且也會做出更明智的決定。最終無論是成功或失敗，你都能站穩腳步。你始終保持從容與自信。

當你心存平靜，你便處於真正的力量中。因為你的心智專注於當下，所以自然能集中注意力。平靜是種不需刻意控制的狀態——因為你已經掌控一切，你能自主決定自己的心理狀態。

就像Nike的「系統創新、永續事業與創新部門」資深總監莎拉・瑟弗恩

（Sarah Severn）曾對我說的：「你可以選擇如何回應周遭的任何狀況。你可以滿懷喜悅，也可以選擇沮喪或受害者心態，又或是用比較中立的方式來看待，把它當成學習的機會。你能擁有的最大力量，就是傾聽你內心最深層的意圖，而不是任由心思瞎忙亂繞。如果你能做到這點，『自我』就會退居次位，並讓你對身邊的其他人發揮正面的影響力。」

讓冥想按下情緒的暫停鍵

當你的心思有如脫韁的野馬四處奔馳時，該如何找回平靜？最好的方式，就是冥想。

冥想，也稱為正念，這項活動在過去十年間越來越受歡迎，也有越來越多研究證實它的益處。許多非常成功的個案，從電視名人歐普拉，到斯科爾應對全球威脅基金會執行長賴瑞・布利恩特（Larry Brilliant）、美國著名的嘻哈歌手羅素・西蒙斯（Russell Simmons）、福斯汽車公司的執行主席比爾・福特（Bill Ford）等，都是利用冥想來幫助自己靜心與減壓。他們一致認為冥想是他們生命中不可或缺的重要修行，優點也不勝枚舉，包括：減壓、消除焦慮、調節情緒，還有增強能量等。

有研究顯示，冥想可以幫助我們抵禦自我控制所產生的疲倦感。這項研究是複製鮑梅斯特的經典實驗：參與者先完成一項耗盡心力的任務後，再進行第二個具有挑戰性的任務。如果他們的意志力，在第一個任務已被消磨殆盡，那麼第二個任務通常就會表現比較糟或是更容易放棄。然而在這項研究中，不同之處在於，部分參與者在兩個任務之間曾進行冥想，有些人沒有。結果發現，進行過冥想的參與者，在第二個任務的表現，與那些根本就沒有做過第一個任務的參與者一樣好。這顯示冥想能有效幫我們恢復精力，將注意力集中在當下，即便是在進行高強度自我控制任務後，依然能神智清明，頭腦沉穩。

讓心學會鬧中取靜

或許你會覺得要靜下來很難；又或者，身體靜下來了，心卻很難做到，妄念不斷。

我們可以先透過簡單的冥想，關掉內心喋喋不休的想法。方式如下。

- **第一步**：閉上眼睛，把注意力放在自己身上。換句話說，就是不要被周遭外在環境的聲音、動靜、氣味等干擾，而是專注於身體和心靈上。冥想其實不需要複雜的程序，像這樣，先內觀幾分鐘，這個簡單的行為就對身心非常有益。
- **第二步**：覺察身體的感受，例如呼吸流動、心跳速度、你坐在座椅或腳踏在地面上的感覺，還有身上的衣服、穿戴的首飾或戒指所帶給你的觸感。
- **第三步**：把注意力轉移到想法和感覺上，你要注意它們，但不要試圖與之對話、交戰，像看電影般欣賞它們即可，單純覺察它們的存在。

一開始可以每天先練習五分鐘。隨著你對這樣的練習越來越上手後，再逐步拉長冥想的時間。

還有另一個更簡單的冥想方式，就是把注意力放在呼吸上。之前我們已多次提及相關的練習與好處，在多練習幾次後，你就會感受到心平氣和，不再容易心浮氣躁，只有清晰的思緒，停留在呼吸的覺知中。

市面上有很多教導冥想的課程、書籍和音頻資源教人如何學習，可以提供許多實用的技巧。也有不少APP應用程式可供下載，比如Sattva或Headspace，都是指導初學者如何練習冥想的好方式。

改變身體姿勢，心情瞬間放晴

如果你還沒做好練習冥想的心理準備，那麼不妨先利用改變身體姿勢來營造平靜感。

有一個研究領域叫作「體現認知」（embodied cognition），是指人們在不自覺的情況下，會由身體的各種感官幫我們做出許多決定，只要改變身體姿勢，就能改變我們的心智狀態。

比如說，在告知他人震驚的消息之前，我們會先向對方說：「你可能需要坐下來。」又或是當某人身陷千頭萬緒的煩惱時，我們會勸他：「別想了，先睡一覺再說吧！」像這類的忠告，其實確實有用。

德州農工大學所做的一項腦部造影研究顯示，當你焦慮或憤怒到極點，不知該如何冷靜下來時，光是做「躺下」這個簡單的動作，就能有效降低憤怒和敵意。

此外，運動或第二章介紹的呼吸練習也是改變生理狀態、讓身心平靜的有效方法。你還可以嘗試參加溫和、注重覺察的瑜伽課、太極課，或是簡單的伸展課程。

選擇適合自己學習的管道，把這些練習融入日常生活中，直到內在覺知和平靜變成你的第二天性。冥想等靜心練習具有累積的成效，你越常練習正念減壓法，就會享受到越多好處，擺脫終日的惶惶不安，讓心靈不再妄念紛飛。

時間管理，不如能量管理

在步調匆忙的生活裡，人們經常被提醒要懂得時間管理，與之有關的APP、網站和演講活動更是多如牛毛，這顯示大家相信，只要能做好時間管理，就能更有生產力，也會更快樂。然而，不管你的時間表安排得多麼有效率，一天就只有二十四小時。想要讓自己更有工作效率的方式，就是——做好能量管理。

根據「人類行為表現學院」的研究發現，有四十三%的人覺得自己缺乏活力，更有二十二%的人認為自己已經到達嚴重缺乏能量的地步。

或許你就像上述統計數據中所顯示的一樣，不但已不復過往那般對未來充滿希望與熱情，更覺得每天像是把自己榨乾似地苟延殘喘生活著。這樣的你，需要知道自己何時該重新補充能量（但不是靠著咖啡因或強烈的情緒）。

能量管理，比許多成功人士強調的「時間管理」還要重要。做好能量管理，才能讓自己避免做過多「浪費能量」的事，以免在關鍵時刻沒有最後衝刺的本錢。以下是一些實證有效的方法，可以幫助你恢復耗竭的精力。

做一件會讓你產生正面感覺的事

當你在工作覺得頭昏腦脹、毫無靈感時，可以去散個步、休息一下、觀賞一部好笑的YouTube短片、看看親人的照片、冥想，或幫同事一點小忙。這些看似無足輕重的小事，其實都是能讓人回復能量的大力丸。

你也可以把這些做法列成清單放在手邊，當你感覺疲憊不堪時，這份清單便能善盡提醒之責，讓你重拾元氣與幸福的能量。

把「正在做的事」變成「喜歡做的事」

有些事情雖然活動量大，又極費精力，但你在做的時候卻不會覺得疲累。為什麼？因為你熱愛這些事！就像俄勒岡大學的神經系統科學家艾略特・柏克曼所說的：「當你覺得心力交瘁、欲振乏力時，如果突然發生一件好玩有趣的事，你馬上又會變得精神百倍。」

承認自己愛吃甜食的柏克曼告訴我，有時候他忙了一整天回到家，感覺身心俱疲但又好想吃冰淇淋時，要是冰箱裡沒有冰品時，他還是有辦法擠出最後一絲力氣外出去購買，即使得穿上風衣和雪靴、用鏟子清除車道的雪，還要熱車，之後再開二十分鐘才能到達商店，這麼一長串費事又麻煩的準備工作也擋不住他想吃冰的欲望。看來，人們對於自己真正熱愛的事情，能量還是綽綽有餘。

練習感恩

研究顯示，在面對令人感到疲累的工作時，感恩之心能幫助你重拾能量。以你的工作為例，你可以告訴自己：「我覺得現在這份工作，每天做的事情都讓我覺得自己有價值，而且這些事情也是我喜歡的。」即使你對自己的工作再不滿意，也一定仍有令你感到慶幸之處，例如：你有工作可做但很多人卻失業、有些同事跟你還滿談得來的，又或者是公司提供優渥的津貼和福利。

讓你心懷感恩的事情可大可小，但都具有提振活力的作用，既能增加你的正面情緒，又能助你轉念，換個角度看人生。

下班後，讓自己享有離線權

很多人在下班後還會把工作帶回家，或在休假時加班，使原本該充分休息的身心完全無法放鬆。

德國曼海姆大學教授莎賓娜・宋能塔格（Sabine Sonnentag）發現，在下班或休假時無法從工作中抽離的人，彈性疲乏的情況會逐年積累，面對工作壓力的韌性也會降低。

雪倫・盧利（Sherron Lumley）是在全世界擁有四千萬收視觀眾群的超級電視新聞製作人。雖然盧利的工作主要是在華盛頓特區，但她卻選擇住在奧瑞岡州。平日十分忙碌的她，只要一回到奧瑞岡的家就會刻意對外失聯。在那裡，她充分享受天倫之樂、爬山、划獨木舟，或整修她那間維多利亞式的屋子，放假期間也不會查看訊息，直到即將飛回東岸前，她才會在機場讓自己「重新開機」，進入備戰狀態。

「待在家的時間能幫我充電，並讓我和自己獨處。」盧利告訴我，「當我回到華盛頓後，就能更從容面對緊張的壓力和快速的步調，激發新聞團隊拿出最好的表現。」

宋能塔格的研究發現，當工作量極大、時間壓力緊迫盯人時，是很難在心理上將工作暫拋腦後的，所以學習適時從高壓工作中抽離。在心理上與工作保持距離，是讓疲累的身心復原及提高生產力的最快途徑。在工作之餘，要懂得安排休息與排解壓力的閒暇，並且用最理想的方式善用這段時間。

有助於從工作中抽離的活動包括：運動、到戶外散步，以及專注於與工作無關的嗜好。此外，在下班後和餘暇時以正面角度來思考工作，也能讓自己充飽電後再出發。

從更宏觀的角度看事情

將焦點放在「為什麼要做」，而不是「究竟該怎麼做」。舉例來說，如果你已經對某件事覺得疲累不堪，失去了動力和能量，這時你可以提醒自己回想做這件事的初衷。瞭解你的工作，和你在乎的事以及你的價值觀有何關聯，有助於你重燃熱情。

比方說，如果你的公司銷售某一種設備或產品，而你期望的是改變人們的生活，那麼你可以想想，該項商品能如何幫助人們滿足需求。華頓商學院管理學教授，組織心理學家亞當・格蘭特（Adam Grant）就曾研究過這個效應。有某所大學的客服中心，負責打電話為該校的清寒學生募款，格蘭特找了一名接受過資助的學生當接線生，以自身為例說明這件事對他生命的重大影響後，該客服中心的成效便大幅提升了。為什麼？因為員工看到自己的工作會對他人產生實質影響，因此他們的內心也深受啟發與感動，進而更具服務熱忱，他們的工作變成一種「具有使命感」的任務。

研究已經證實，當人們的動力是發自內心時，因為他們熱愛自己做的事（譬如，熱愛打籃球的籃球員），所以不用他人施壓強迫，也會自動自發認真執行。換句話說，對於你真正熱愛的事情，是不需要靠意志力努力堅持的，因為你自然就會產生源源不斷的能量。

那麼，如果你從事的並不是自己特別喜歡的工作，它與你熱愛的事物（如登山或家庭）完全扯不上邊，那該怎麼辦呢？這時，你可以思考它如何間接支持你的熱情。比方說，你可能工時很長，還得加班，但這份工作的薪水能作為你登山健行的旅費，可以支付孩子的學費，又或成為家族旅遊的經費。記住你的工作如何讓你能夠追求熱情，這將幫助你著眼於大方向上。你會反過頭來慶幸自己能有這份工作，而不再覺得上班是件苦差事。

雖然我們無法總是在工作或生活中選擇自己喜歡做的事，但我們可以選擇轉換心態，想想你喜歡它的哪些特質，讓自己能樂在其中。

◆意志力像肌肉，用久了會疲憊。

強化自我控制的時間一久，就會讓人疲累，甚至還有研究顯示，人的控制力在上午較強，下午就容易撒謊，這種「早晨道德效應」就是因為意志力會隨著時間增長而逐漸減弱所致。

此外，因為自我控制又需要消耗大量的葡萄糖，所以過度自制、意志力減弱，會導致血糖值大幅降低，讓人覺得疲累。

◆「能量管理」比「時間管理」更重要。

你體力透支、欲振乏力、老是被進度追著跑嗎？你工時很長，但事情還是做不完，時間總是不夠用，問題到底出在哪裡？其實，「能量管理」比「時間管理」更重要。

避免強烈的情緒起伏、過度地自我控制和強烈的負面思想，都能保存能量，擊退倦怠，讓我們在工作和生活中都更有體力，心智更專注，精神更愉悅，永遠活力滿滿。

◆越平靜，就會越快樂。

快樂不是時常變化的情緒，而是發自內心的喜樂、平靜與圓滿。要得到長久的快樂，使之內化為你的性格，成為你的人生態度，需要不斷的練習。

善用平靜的力量，告訴自己「夠好就好」；從第三者的旁觀角度觀看自己的雜念與心緒，而不身陷其中或被感覺推著走……等，這些練習都能讓你適時按下負面情緒的暫停鍵，使心靈不再妄念紛飛。

四、

放空，
是創意的產地

汲取創意的祕訣

不要低估「無所事事」的價值，就這樣到處走走，仔細聆聽耳朵無法聽到的聲音，無憂無慮的，這樣也很有意義。

——小熊維尼

當史丹佛大學商業研究所榮譽教授麥倫・休斯（Myron Scholes）接到電話，通知他獲得諾貝爾經濟學獎時，他並不是待在辦公室裡破解方程式或閱讀研究報告，而是準備在早餐會演講後，去打一整天的高爾夫球。

很多人形容休斯簡直就是天才。他以提出創新的經濟學理論而聞名，其中包括「布萊克——休斯選擇權定價技術」，這個公式能協助訂定衍生性產品的價格，評估其風險，預測其市場走勢，並因此在一九九七年獲頒諾貝爾獎。

但是，若你問休斯其新穎的洞見從何而來時，他會把自己的創意歸功於他花在「不工作」的時間，比如每天冥想與散步的時候。

休斯推翻了一般人對於學者的刻板印象，他並不是只埋首鑽研單一研究領域，而是廣泛閱讀各種書籍，也樂於與人討論他最近看的好書。他積極、好奇又博學，熱情洋溢、活力十足，看起來也比實際年紀年輕許多。每次我與他談完話，總覺得身心輕盈，也更受鼓舞。

休斯究竟是怎麼做到的？他如何集生產力、洞察力、喜悅力於一身呢？

讓大腦關機，避免當機

我們向來認為成功人士，就是那些把關心的焦點只放在特定專業領域上的人。他們會設法掌握相關領域出版的每一本書、每一篇文章、每則部落格貼文，或每一份研究報告；他們面對工作時會全神貫注、心無旁騖，確保每個環節都無懈可擊。簡單來說，他們就是「專注」。

暢銷書《異數》的作者麥爾坎・葛拉威爾（Malcolm Gladwell）曾在書中提到，任何人只要專注練習長達一萬個小時，就能專精於該項技巧或藝術，自此之後，這個概念廣為人知。雖然此種說法仍有爭議，但它依然讓許多人深信不疑，因為它完全符合我們認為只要聚精會神，專心致意，自然成功在望。畢竟，熟能生巧，不是嗎？

媒體持續報導注意力不足或過動症的相關資訊，自助類書籍和網路文章也賣力傳授讓我們能專心做事的速成法，這些現象都讓人認為注意力缺失是應克服的一種障礙，甚至是種病態。要是我們在讀書、工作、進行報告或提案時，可以專心埋首做上好幾個小時，效率一定會很驚人。

於是，我們認為專心和隨時讓自己維持在「開機」狀態是「好的」；而長時間的無聊、放空、無所事事、做白日夢、遊手好閒、心不在焉就是「不好的」，「遊手好閒的人容易做壞事」（Idle hands are the devil's tools.）這句諺語便充分說明了此種看法。如果我們花太多時間發呆放空，就會產生罪惡感，以至於很多人（例如，百分之八十四的主管）取消休假而繼續工作。

但這樣的刻板印象，根本是錯誤的。像休斯這樣的成功人士，並不只是靠「專注」想出偉大的點子；他們之所以成功，其實是因為他們刻意騰出時間「不專注」，並從事與工作無關的休閒活動，比如打高爾夫球等。這樣跳脫日常例行模式的結果，能讓大腦接受外界新的刺激，遠離平常熟悉、一成不變的領域，使思考跳脫框架，創造力也更出類拔萃。

艾森豪總統是美國歷史上打高爾夫球時數最多的總統，但同時也被認為是最傑出的總統之一。在球場上，他有個規矩，那就是：除非十萬火急，否則絕口不談政治。他曾向一位有意參選總統的候選人說道：「年輕人，你將來每天得為這個國家賣命十四個小時，一星期七天都是如此，你會以為自己這樣做是克盡職責。但我要告訴你，若你真這樣搞的話，那你絕不可能把工作做好。」

我們不必總是嚴以律己，偶爾離開跑道稍事休息，喘口氣後再重回跑道上，才能繼續全力衝刺。

放空能讓好點子不請自來

在第一章，我討論過人在心也要在，以及在工作或與他人互動的活動中要專注於當下的重要性。在這章中，我要討論的是另一種無意識的專注狀態——放空。

如果我們想要更具創意、對工作更投入，不該只學會高效率的工作術，也該學會如何適度放空。

有一些頭腦靈活的創意鬼才說，他們天馬行空的創意與想法，常常是在做白日夢，或在從事與工作完全不相干、又不花腦筋的活動時冒出來的。

從靈感乍現，到劃時代的發明

一八八一年，著名的發明家尼古拉・特斯拉（Nikola Tesla）在布達佩斯的旅途中羅患重病。在那裡，一位大學時期的朋友安東尼・席格提（Anthony Szigeti）常帶他外出散步透透氣。在某次散步途中，當他們看著夕陽時，特斯拉突然靈光乍現，想到了旋轉磁場，進而在日後發展為現代的交流電理論。

無獨有偶的是，十九世紀歐洲最著名的有機化學家弗瑞德瑞希・奧古斯特・凱庫勒（Friedrich August Kekulé），夢見一條正在吃自己尾巴的蛇，進而發現有機化合物苯的環狀結構。此外，作曲家貝多芬則這樣描述音樂是如何浮現在他腦海的：「樂音不斷在我身邊發出聲響、轟鳴、怒吼，直到我把它們安置在音符裡。」

甚至愛因斯坦也把自身的洞見歸功於超越單純線性思考和邏輯的想法。當他在苦思複雜的問題而需要靈感時，他會求助於音樂（尤其是莫札特）。有人這樣引述他的話：「所有偉大的科學成就必定始於直覺知識。我對直覺和靈感都深信不疑……但，想像力遠比知識更重要。」

最近，伍迪艾倫提到淋浴時光能幫助他「茅塞頓開」。而暢銷書《享受吧！一個人的旅行》作者伊莉莎白・吉兒伯特（Elizabeth Gilbert）則在她的TED演講中提及，那些突如其來的繆思或創意，似乎都是作家、詞曲創作者或詩人在從事與其藝術領域無關之事時，出其不意地降臨在他們身上。

從科學解釋靈感與創意

在看過這麼多古今的例子後，我們再來看看科學的實證。史考特・貝瑞・考夫曼（Scott Barry Kaufman）是賓州大學想像力研究所的科研主任，同時也是《顛峰心態》與《成長心態》這兩本書的作者，他解釋了為何無所事事、放任思緒漫遊，是激發創新思維與建構新穎視角的最佳狀態。

考夫曼指出，線性思維和創意思考分別對應著大腦不同的神經網絡。前者需要有意識地專注於個別而單一的事件，後者（有時稱為「預設網絡」，因為它只有在我們處於放鬆狀態時才會活化）則是在未專注於特定活動時，才會出現的想法、幻想、白日夢和記憶。據考夫曼說，理想的狀態是，我們能擁有可依據不同狀況並靈活切換這兩種思考法的能力，而不要讓這兩種神經系統的其中一種過度活躍，進而壓制了另一種。

其他的研究也證實了這個觀念。加州大學的強納森・史古勒（Jonathan Schooler）及其研究團隊發現，當人們進行一項富挑戰性的任務時，如果能先腦力激盪，做一項能激發想像力的簡單任務，然後再正式進行挑戰，表現會更好。這再次證明，「放空」與「專注」這兩者需要達成平衡，並適時切換，就能發揮最佳效果。

反之，如果我們的心智一直忙著不斷處理資訊，一刻不得閒，那麼我們將永遠不會有機會讓思想插上雙翅翱翔，讓想像力漫無邊際地馳騁。

另一項由瑪麗克・維斯（Marieke Wieth）與蘿絲・佐克斯（Rose Zacks）進行的研究，進一步證實了休息對創造性思維至關重要。研究發現，「晨型人」的創造力在晚上最旺盛，而「夜貓子」則在早晨最具突破性。這聽起來或許違反直覺，但實際上是有道理的。當大腦進入半夢半醒、放鬆的α波模式時，思緒才能真正四處漫遊。

才華洋溢的西班牙畫家達利曾以「帶著鑰匙入眠」（sleep with a key）的方法激發創意。他會在手指中夾著一把鑰匙，下方放一個金屬盤，當他睡著時，手中鬆掉的鑰匙會掉到盤子上發出聲響，把他驚醒。他相信，清醒與入睡之間的「半夢半醒狀態」，能激發他的創造力。

這些研究證實，讓自己脫離繁忙的節奏，從事無特定目的的閒暇活動、給自己寧靜與不受干擾的空間，純粹享受一些樂趣，能夠讓我們更有想像力與遠見。也許你在做些不太需要花腦力的事情，例如散步、貼郵票，甚至洗碗，但事實上，你正為內心留出沉澱與思考的空間，那些關鍵的靈感，就會在此時慢慢浮現。

考夫曼表示：「最偉大的創意並非來自於一週七天持續思考某個問題。企業管理者與員工要明白，創新的靈感不會來自這種刻意思考，而是源於內心自由浮現的想法，它會在閒暇時刻、白日夢、回憶，以及與自身內心世界產生連結時出現。」

所以，在經過一段時間的專注工作後，你可以撥出十五分鐘做些能轉換心情的活動，像是沖個澡、走一小段路（注意，這時也別再看手機了），做點伸展運動，或乾脆就讓自己放空，無聊一下。在這段不受打擾的時間裡，你可以讓忙碌的心智安定下來，重拾注意力。在放空後，你也會清出一些空間，容納更多想法，或許反而會催生偉大的靈感。

也可以說，當你覺得無聊時，就是處在最好的「創意狀態」。但當你疲憊不堪、腸枯思竭，卻仍要硬撐時，會陷於忙亂的困境中，也難產生新的想法。

慢下來，靜下來

喜悅和歡樂可以使你更具創意，而創造力也能提升你的幸福感。所以，當你創意源源不絕時，就等同邀請越多喜悅進入你的生活。就像特斯拉曾說的：「我不認為有任何激動人心的感覺，能像發明家在看見頭腦的某個創意終於實現時那樣……這種感受會讓一個人廢寢忘食，忘記友情、愛情，以及所有的一切。」

忙裡偷閒，能讓快樂加倍，創意也發光發熱。你一定要給自己一段無所事事、但又樂在其中的空檔，把這段時間當成休假，是你放鬆和遊玩的專屬時間；但也不要過於期待在這段放空的期間一定會產生石破天驚的創意，否則你的心思又將重回專注和焦慮的狀態。比方說，你不要在遛狗回到家之後就想著：「天哪，我剛散步時怎麼沒有想到任何可以讓簡報更精彩的方法呢？而且，我忘了打電話給銀行了，我應該要叫他們停止那筆扣款的。」

或許你認為自己根本沒有時間閒下來，或忙到無法活得彈性又隨興，但事實上我們都可以做到。你不一定要更改時間表，有時只需要稍微改變你的做事方式。以下就是能落實在生活中的一些例子。

一、透過多樣化活動學習放空

進入閒暇狀態或放空的關鍵，在於讓自己的活動多樣化，而非始終專注於單一任務。當我們想要獲得新視角時，反而需要與原本的問題保持距離。我們可以透過兩種方式來拓展多樣性：從事「無需用腦」的簡單活動，或擴大自己接觸的領域。

在本章一開始提及的休斯，就是會在多方面涉獵與學習新知的最佳例證。雖然他是位訓練有素的經濟學家，卻不會鎮日汲汲鑽研於數學問題和市場分析。透過廣泛閱讀專業領域以外的各種書籍，讓他能把其他學科的原理，比如心理學、哲學和歷史等不同的知識，應用在人類行為的創新分析上。

「培養多方面的興趣是很重要的。當然，你不能把自己搞到筋疲力竭，分身乏術，如果你什麼都想學，就會什麼都學不到。但如果你過度專注於某個領域，就會變得目光狹隘，見識短淺。」休斯解釋道，「你得要集中化與多元化並行。」

所以，請多拓展你的興趣與喜好。想想看，你最常閱讀的書籍或瀏覽的部落格，都只和你的專業領域有關嗎？如果答案是肯定的，就試著接觸全然不同的閱讀類型，像是詼諧幽默的文章、經典文學，或綜合性的雜誌，也可以觀看與你工作內容毫不相干的電視節目或紀錄片。

二、做些「不用大腦」的事情

心理學家史考特・貝瑞・考夫曼（Scott Barry Kaufman）建議，在吸收資訊或處理工作時，可以適時穿插十五分鐘較不費神、無需專注力的活動，例如洗澡、散步（但不要邊走路邊滑手機）、伸展身體動一動等。他解釋道：「透過這十五分鐘的『放空』或白日夢時間，我們得以擴展注意力，使大腦建立更多創新的連結。當我們過度專注於某個問題時，這種創造性連結便無法發生。」

例如散步就是非常能激發創造力的活動。在一份名為〈走路能激發創意〉的研究中，發現在散步時與剛散步完之後，人們在不同創意測試中，表現都有顯著提升。一項史丹佛大學的研究則指出，散步能讓大腦專注在「走路」這件讓人得心應手、不需費力就能輕易做到的事情上，人因此感受到放鬆與自由，靈感與創意於焉產生。

另外，處在隨時都有無法預期要求的高壓環境中，只會扼殺創意，唯有低壓環境才能激盪腦力，讓創意發酵。對此，加州大學戴維斯分校的管理專家艾爾斯巴（Kimberly Elsbach）與哈格頓（Andrew Hargadon）建議，在安排工作時，交替進行需要大量專注力的活動（譬如撰寫企畫書、主持會議）與較不費腦力的任務（比如輸入資料、整理桌面），這樣能在緊湊與輕鬆的工作模式之間取得平衡。

華頓商學院的亞當・格蘭特教授提醒我們，切勿把「做不需花太多腦筋的工作」跟「休閒」混為一談，這兩者是不同的。比方說，我們可能以為看臉書和翻閱雜誌有助於大腦放空，但其實它們也需要大量的專注力。格蘭特進一步解釋道：「人們需要的，是適度做些『微專注』的工作。例如，對一個白領階級的上班族來說，如果一天當中能有一小部分的時間是做輸入資料之類的工作，會讓你切換至非例行公事模式，你不需時時刻刻都需要保持在全神貫注的狀態（事實上也不可能做到）。如此，你的思緒將更清晰，也能更創新。」

三、安排適合自己的休閒活動

嘗試擴展自己的興趣範圍。如果你的工作是屬於「動腦型」，那麼可以在閒暇之餘學一些能培養休閒嗜好或不需花腦力的實用技能，像是學習幫車子換機油、煮泰國菜、玩樂器，或按摩。如果你的工作是屬於「動手型」，就要讓生活多點變化，可以試著學新的語言、下西洋棋，或讀讀詩。

如果你喜歡社交活動，可以加入像Meetup之類的社交網站，參加那些你從未嘗試過的活動或群組，比如極限瑜伽或騎自行車。

又若你經常久坐不動，大部分時間都是坐辦公室或開車，就選擇從事像游泳、健行、滑雪等戶外運動，而不是上室內健身房。

四、安靜地和自己相處

有鑒於現代生活如此忙碌，我們可以將靜止與沉默視為一種能讓你體會到與眾不同的經驗：我們不像平常總是匆忙趕路，而是選擇安靜不動；我們不是「要做些什麼」，而是「什麼都不做」；我們不是要專注，而是全然放空。

暢銷小說家、也是《紐約時報》和《時代雜誌》記者皮科・艾爾（Pico Iyer），在TED演講影片中擁有破兩百萬人次的超人氣點閱率。他說，當他在生活中有時間保持安靜和內省時，會更有創造力；而且也只有在他保持靜默時，才能真正覺得感動。他也曾為這個主題寫過《靜思的藝術》一書。

艾爾告訴我：「我寫作的深度與我經歷的安靜深度成正比，當我飛快撰寫亟欲傳達各種資訊的文章時，讀者就會以同樣的速食方式回應我：他們一掃而過，而且馬上忘得一乾二淨。但當我以一種比較靜定和內省的方式書寫時，讀者也會比較沉靜和自省，我的文章更能讓他們產生共鳴。」

為了在生活中刻意有意識地創造安靜的空間，艾爾過去二十四年來，到聖本篤修會修道院共閉關過八十次。他說：「我沒有特定的宗教信仰，也沒有做任何正式的宗教冥想，我只是需要靜思、沉默和空間。」

研究證實，絕對安靜比情境音樂更令人放鬆。二〇〇六年，義大利的醫學博士貝納狄（Luciano Bernardi）在研究音樂對生理的影響時意外發現，不只音樂會影響參與者的生理狀態（較慢的音樂會減緩心跳、血壓和呼吸），在沉默的時刻也具有同樣的影響力。

他還發現，如果在聽音樂時，能在不同樂曲的轉換間留有寂靜的時段，這種短暫的「小靜休」，會比聆聽專為放鬆而設計的情境音樂，或是完全沒有音樂的靜默時刻更加令人放鬆。

其他研究也指出，安靜的環境亦有助於生成新的腦細胞。就像艾爾發現，當他從紛擾忙亂的喧囂中抽離出來時，正是他能跳脫思維框架與靈光乍現的關鍵。在大部分的情況下，我們都無法改變隨時待命的忙碌狀態，也無法期待自己不被周遭的人事物干擾。然而對艾爾來說，要保持靜心的解決之道，並不在於改變那些情況（我們大部分人也都做不到），而是改變我們與干擾間的關係，基本上這是一種內在的調整。

「我們可以選擇逃離一直都存在我們腦中鬧哄哄的時代廣場。大部分的人也注意到，自己身陷吵雜之中，都快溺斃了，所以他們設法藉由健行、航海、冥想、網路安息日[5]，讓自己沉澱，尋找重返沉靜的道路。」他解釋道。

艾爾相信，當他能聽到比世間喧囂更深層的聲音，才能寫出最好的作品，「如果你站在離我們身處的世界這面大畫布只有兩英寸之處，就會像你離一幅畫作太近一樣，看不到整體的脈絡和意義。」艾爾這樣形容道，「在大瑟爾（Big Sur）的修道院，我花很多時間無所事事、散步、躺在床上放空，而且我確信，只有在那樣的空間裡，我才能產生比平常更有趣的新點子。」

靜止也讓他能夠跳脫時間的束縛，進入更廣闊的時間感受中，這對身為作家的他來說極為重要。「一旦我進入靜心狀態，就能聽到自己內心最深處的聲音，那是當我平常忙碌不安時所無法察覺的。」

當然，寂靜或許會令你覺得不太自在。這時，你的心思可能會四處漫遊，浮現不愉快的想法或回憶；當你獨處時，也可能會打開你焦慮的心門，甚至觸發潛藏的恐懼與不安。可是，如果你只是在一旁「坐視」，察覺這些感覺的出現，但不加以阻止或妄下評斷，就會發現這些讓人產生壓力的想法終究會離開。

有時候，我們需要借助一個組織或團體，才能讓自己「關機」。你可以參加冥想

---

5 Internet Sabbath，在每個星期中，選擇一天完全不使用網路，或任何會使人分心的現代科技，而是靜下來與自己相處。

靜修營，市面上有很多與冥想、健康、瑜伽和健行相關的團體可以參加。一開始你可以先參加短期的活動，從為期一天或在週末舉行的工作坊踏出第一步。

如果你不偏好靜心冥想這類的方式，也可以用你自己的方法。像是在生活中保留一段與自己獨處的安靜時光，而不是讓周遭總是充斥各種聲音，像是邊開車邊聽廣播，邊吃飯邊滑手機，又或是摺衣服時還開著電視。

另外，我們每個人周遭也都有能讓自己靜思的環境，就是大自然。無論你住在城市或郊區，都可以暫時放下手邊的工作，來個短程散步。甚至在曼哈頓的市中心，也都有充滿綠意的樹木和植物，四處飛舞的鳥類和昆蟲。大自然無所不在，可是我們卻經常視而不見。當你在路上漫步時，記得抬頭看看綠樹和藍天，而不是低頭察看你的簡訊。最好的做法是，乾脆不要帶手機出門。

玩越瘋，創意越多

為了樂趣而遊玩的活動存在於動物界（任何有寵物的人都能證實這點），其中當然也包括人類，但是在人們成長的過程中卻已逐漸失去這種天性，人類可以說是唯一幾乎不會騰出時間來遊戲的成年哺乳類動物了。

遊戲能讓創意源源不絕

在史丹佛大學，我除了幫忙開設該校第一門「快樂心理學」課程，也主持了一場「遊戲科學」的研討會。當時，我曾運用一個小學生的遊戲，以實例來說明遊戲對我們的情緒會有何影響。

我們站著圍成一圈，扮鬼的人站在圓圈中間。參與者不能有任何肢體動作或對話，只能以眨眼睛的方式，彼此示意要交換位置。在他們衝出去的同時，扮鬼的人會設法搶那些人的位置。在剛開始進行時，大學生們都有點靦覥地盯著彼此互看，但很快他們就全心投入遊戲裡，笑聲不斷，充滿活力。

在遊戲結束時，我問他們有何感想，學生紛紛表示「覺得很快樂」、「把煩惱都拋諸腦後了」、「玩到渾然忘我」。還有一位玩得樂不可支的學生說：「我以為長大後我們都不該再玩這種遊戲了呢！」說這話的他才十七歲。

愛因斯坦有句名言是：「要激發創造力，必須培養孩童般的玩樂之心。」大部分的史丹佛學生都全心全意在課業上奮力衝刺，拚命追求成功，有如轉輪上的倉鼠般忙碌地跑個不停。結果，即使參加有趣的社團活動，也往往半途而廢，因為他們覺得這樣會無法兼顧學業，影響成績。可是，遊戲具有提升創意和創新思考能力的巨大潛能，至於幸福感就更不在話下！不妨看看，「recreation」（休閒）這個字的字根就是「re-create」（再創造），亦即「透過娛樂讓自己恢復活力」。

在各種創意產業領域，從科技界到服裝業，都深知「遊戲」對啟發員工創造力的重要性。例如Google在世界各地辦公室的設計，都是以能激發有趣的創造力為前提，像是在蘇黎世的辦公室，員工可以選擇走樓梯，或是利用消防桿或溜滑梯上下樓。臉書則是提供DJ混音設備，還有撞球桌，員工也可以參加電子遊戲比賽，彼此較量一番。義大利米蘭的另類服裝公司Comvert，更把一座老戲院改建為辦公空間，將從前的觀眾席變成員工的滑板場。

遊戲對創造力造成的正面影響，除了能刺激心智，讓大腦更靈活外，還能激發正向情緒，研究也證實這會讓人提升洞察力，以及更好的解決問題的能力。北卡羅來納大學教堂山分校的心理學家、同時也是國際正向心理學協會會長的芭芭拉・佛列德里克森（Barbara Fredrickson）發現，正面情緒能擴大我們的視覺注意力，進而增加我們的認知資源。當我們心情愉快時，就能注意到更多的資訊，看清全局，想得更長遠，不會陷入細節的泥沼中不可自拔。

換句話說，如果你覺得自己「卡住」了，或是想不出解決問題的辦法，又或是陷入困境，遊戲可能是「解套」及想出創新點子的一個妙方。

放鬆，才會讓靈感找上門

這裡還有另一個例子。蘿莉・達斯卡爾（Lolly Daskal）是全球知名的領導力培訓顧問公司（Lead From Within）的總裁兼執行長，經常與《財星》雜誌評選出排名前五百大的公司合作。

某次，她到一間國際的領導型企業上課，幫助員工發想公司的使命、願景和價值。她讓與會者走出狹隘的辦公空間，改在一處有很多窗戶、可看到戶外美麗景致的地方上課，希望藉由改變一成不變的工作空間，能跳脫僵化的思考模式，激發大家豐富的想像力。但是成效不彰，她發現所有人的討論內容都在同一個地方打轉，並且腸枯思竭，想不出解決方案。

於是，她決定改變這種毫無進展的困境。她要求大家全都停止工作，不要再花腦筋，也別再設法想出解決方案。接著，她讓所有人換到另一個空間，在那裡她規劃出幾個不同的區域，也有許多遊樂設施。有的地方準備了飛鏢，有的地方擺放了懶骨頭沙發，還有一處可以打羽毛球的場地。她告訴大家，挑個夥伴，然後什麼都不要想，就只要盡情玩樂。大家全都求之不得，紛紛拋掉工作壓力，樂在遊戲中。你可以感受到每個人在交流互動時的愉快，以及從嚴肅討論中解脫的喜悅。

大約一小時後，達斯卡爾讓大家重返開會處，每個人都帶著滿滿的能量回來了。不但身心輕鬆，對即將進行的會議也摩拳擦掌，躍躍欲試地想提供建議。這次，她又問了與之前同樣的問題：「這家公司的目標是什麼？」此時，每個人都興奮又熱切地提出他們的想法，答案源源不絕，於是，問題便快速解決了。

創意就是這樣，有時候不請自來，有時候卻遍尋不得。但無論如何，給自己一段重新歸零與放鬆的時間，這對你產生的助益，遠超乎你的想像。別隨時都繃緊神經，讓大腦也暫時喘息吧！

◆樂在無聊，專注放空。

我們偶爾需要切斷與周遭事物的連結，給自己一些不受打擾的時間與空間。尤其在資訊爆炸、人際互動頻繁的時代，我們非常需要排出這種「什麼都不做」、「無所事事」的時段，讓忙碌的心智安定下來，細細審思自己的現況與前進的方向。

許多全新看待事物的態度、新奇的創造力，以及從未思考過的觀點，都是在無聊與放空時突然靈光乍現的。

◆利用「微專注」提升工作效率。

根據心理學研究，一個人能持續集中注意力的時間，其實不超過九十分鐘。所以在工作時，盡量避免工作單一化，並交替進行不同類型的工作，譬如在全神貫注進行需要耗費大量腦力的工作後，撥出一小段時間做做輸入資料等簡單的文書工作。良好的工作效率，也可以是由許多的「微專注」加總起來的成果。

五、

不做完美的人，而是接受不完美的自己

你和自己的關係會影響潛力發揮

以其終不自為大，故能成其大。

——老子

我的朋友蘿拉是天之驕女，似乎集眾人稱羨的所有優點於一身：她有一頭金髮、熱愛運動、魅力四射，而且聰明絕頂；當年在耶魯大學就讀時，是少數成績不是A⁺就是A的學生之一。

儘管蘿拉在學校裡出類拔萃，成就非凡，但在經歷兩年的大學生涯後，她卻決定退學了，因為她完全看不到自身的優點與價值何在。

蘿拉一直深信自己是最優秀的學生，對於所有的一切，她都全力以赴，力求完美，但她也極害怕失敗，所以她只選修自知一定會拿到好成績的科目。當她表現不佳或是得很努力才能獲得高分時（當然，這在大學是非常常見的情況），她就會嚴苛地自我要求更加用功。

在精益求精、近乎苛求的鞭策之下，雖然蘿拉拿到完美的分數，卻也陷入難以自拔的痛苦深淵中。「我記得那時的自己極度不快樂，也不停地自我批判。」蘿拉告訴我。最後她飽受憂鬱和焦慮所苦，嚴重到她無法繼續完成學業的程度。

不自我設限，才能突破極限

面對人生困境和職場挑戰時，奮力向上與意志消沉的人差別何在？答案是：他們對自己所抱持的信念，以及他們對待自己的方式。

在追求成功的過程中，我們多半對自己不夠寬容，往往是自身最嚴厲的批評者，我們從小被教導，要想成功就必須發揮自己的強項，因此最好盡早找出天生擅長的事，並堅持走那條路——因為我們不太可能克服自己的弱點。如果我數學不好，就不該從事會計或工程。如果不擅長與人打交道，最好別碰業務這一行。當我們發現自己的短處時，必須對自己嚴厲批評，這樣會讓我們對自身的不足保持清醒，也能確保我們不鬆懈、持續保持動力。只有對自己不斷提出更高的要求，我們才會做到最好。

但最近的科學研究證明了這些觀念根本是錯誤的迷思。當你過度自我批判時，就會破壞自身的幸福感和成功機率。德州大學人類發展副教授克莉絲汀・聶夫（Kristin Neff）曾指出，自我批判會導致焦慮和憂慮，它可能阻止你在失敗後重新嘗試，因為你害怕會再度失敗。

認清自身的強項與弱點當然是好事，但你如何面對它們，包括你看待自己的方式，（例如：你能否接受自己能力有限？）以及你對失敗的反應，（例如：你是不是自己最嚴苛的批判者，還是你能夠像對待朋友那樣善待自己？）都可能決定你的成敗。

命運負責洗牌，但玩牌的卻是我們

我們通常以為不同凡響的成功者，與一般人的差別是在於他們獨特的強項。我們認為這些人具有特殊的天賦，他們可能很有生意頭腦、藝術天分或其他的獨特魅力，是那些與生俱來的優勢使他們與眾不同，終至功成名就。

而我們會認為自己之所以達不到人生勝利組的高度，是因為我們缺少這樣的天賦。我們相信成功是由與生俱來就幸運擁有的能力和天分所注定，你只能把上天給你的牌打出去，不管那是好牌或壞牌，因為你沒有其他選擇。除了認命，別無他法。

然而，「天生的長才決定我們能否有所成」，這個信念對我們產生了嚴重的負面影響，尤其是在面臨失敗或挑戰的時候。史丹佛大學發展心理學家卡洛・德維克（Carol Dweck）主持過一個為期數十年的研究，主題是兒童與成人的自我信念。在她的職涯早期，她注意到無法解開數學難題的學童可能產生兩種不同的反應：一種是失去動力而放棄，因此學不到新知；另一種是越挫越勇，繼而獲得新的技能讓自己更進步。那麼，是什麼因素決定他們的反應？如果他們相信「天賦成功學」，也就是贊同我之前所描述的錯誤理論，當無法解決問題時，他們會以為自己本來就不具這方面的天分而放棄。結果，他們不但無法進步，更會否定自己，並自認為就是個數學白癡。

在長達幾十年針對各種失敗情境進行研究後，德維克在兒童身上觀察到的心理現象，證實無論在哪個年齡層，當面對一項挑戰或失敗時，人們都可能會認為自己對此根本就缺乏天分，進而不願再進一步嘗試。而且，你的信念更可能變成一個自我應驗的預言，一旦面對失敗，你就馬上舉白旗投降。於是，你的知識和技能永遠侷限在自認為是強項的那些領域中。

當然，這並不是說，你不該從事能讓你得心應手或適合你天性的工作。我要強調的是，你不該只受限於擅長的工作或活動中，因為你可能有巨大的潛能尚待發掘。

要是羅蘭・哈賽・梅西（R. H. Macy）在他最早開的五家店倒閉之後，就以為自己不是做生意的料，那他永遠不會創立極其成功的梅西百貨。要是比爾・蓋茲在他的第一間公司「數據流通量」（Traf-O-Data）經營失敗之後，就以為電腦新興產業不是他擅長的領域，那他永遠不會創立微軟。如果知名的童書作家蘇斯博士（Theodor Seuss Geisel），在第一份手稿被拒絕超過二十次後，就斷定自己不是個好作家，那他永遠都不可能掀起兒童文學界的變革。

停止自我霸凌

後來，蘿拉體悟到她需要改變對自己的態度，放棄過度自我批判的行為，以及社會壓力帶給她的焦慮。當時她告訴我：「我決定非離開不可，這樣我才能學會逃脫我對自己的掌控。」我們很多人都不曾有過像她那麼年輕就體認到的睿智領悟，我們會追求更嚴謹的自我鞭策，相信應該對自己的期待要越多越好。

過了一段自我毀滅的人生之後，蘿拉逐漸學會停止對自己提出過度自我批判的苛求。她發展出一種比較溫和的做法：她更善待自己、對於自己的短處更寬容看待，也擁有更寬廣的眼界，更包容的心態，懂得告訴自己：「我已經夠好了！」總而言之，她變成研究人員所謂「自我慈悲」的人。

不久，她臉上再度出現燦爛的笑容，表現也恢復以往優異的水準，但不再需要犧牲自己的快樂。

科學證據支持蘿拉憑直覺所體悟到的事情，也就是：過度的自我批判會讓我們軟弱、煩亂，但是自我慈悲卻是培養力量的核心。

自我批判是心靈的枷鎖

研究顯示，相信天賦決定一切的人，也比較容易憂鬱，部分原因可能是這種想法容易導致過度的自我批判。

大腦擁有兩種互相競爭的系統，一種是尋求獎勵，另一種是害怕失敗。當後者的恐懼過了頭，就會阻礙成功到來，產生下面的結果：

一、妨害表現

針對運動員進行的一項研究顯示，害怕失敗會有如自我應驗的預言，導致他們無法有最佳表現，甚至犯下致命性的錯誤，例如在關鍵時刻表現失常，又或是跌倒。

二、促使你放棄

太擔心犯錯和失敗，可能讓我們缺乏安全感和感到焦慮，以至於在面對挑戰時提早打退堂鼓。

三、做出錯誤的決定

擔心失敗可能會讓人焦慮到失去學習的興趣與意願，進而想投機取巧，走捷徑，譬如作弊。

一份針對創業人士所做的調查研究顯示，強烈害怕失敗的人很可能會對潛在投資者的不道德行為視而不見，和對方仍保持合夥關係卻心存猜忌。

四、使你放棄真實的自己

你對失敗的恐懼，甚至還可能使你和希望追求的職涯背道而馳。

蘿拉就曾告訴我，她對成績所付出的心力遠超過在個人興趣的投入，而且她在學校時都選修可以拿高分、而非她熱愛的科目。「這讓我對於未來該選擇什麼樣的職業感到很困惑，因為我不知道自己究竟對什麼有興趣。」蘿拉解釋，「我也發現，進入職場工作後，不像在學校會收到成績單，也無法得知自己的分數。我失去了判斷的依據，不知道自己究竟表現如何。結果，我花了五年的時間，經歷一連串錯誤的過程，才在專業上獲得某種程度的成就感。」

負面訊息的影響力大過正面訊息

美國佛羅里達州立大學心理學教授鮑梅斯特和其他人的研究都證明，人們對於負面思考的天生習性，能藉由意識到潛藏的危險，幫助人類存活下來。

但誠如在第二章所述，在現今這個時代，這種負面傾向不僅讓我們隨時都注意潛藏的威脅，也放大了每件事情的缺點，結果讓人陷入煩惱和失敗的漩渦裡無法抽身。

消極的內在對話正在削弱你的能量

加州大學心理學教授雪莉・蓋博（Shelley Gable）和強納森・海特（Jonathan Haidt）所做的一項分析發現，雖然我們正面的生活經驗是負面的三倍之多，但人們卻多把注意力放在負面經驗上。更有數據指出，我們需要五次愉快的經驗，才能平衡一次同樣程度的負面經驗。

如果我們能如實看待事情，事實上應該對生活抱持「正向偏誤」[6]，因為在我們生命中有百分之七十五的時間其實都過得相當不錯。只是我們都太專注於負面情境，因而忽略我們真正擁有的東西，更別提能享受其中了。

強化我們負面傾向的另一種習性，是「把自己的成就視為理所當然」，即便那是你努力了多年才達成的成果。當你達到自己所設定的目標時，仍會感覺不到滿足。因為我們除了傾向接受負面訊息外，也會對生活中的好事習以為常，這就是所謂的「習慣化」（habituation）現象。即使你剛從大眾的認可中感受到無比的快樂（比如獲得晉升，或在業界得到一個很有分量的獎項），但時間一久，這些事件便失去能持續帶給你喜悅的能力，因為對此你已經感到習慣，也麻痺了。

基於我們本來就容易陷入接受負面思維的習性，若再養成自我批判的習慣，只會更進一步扭曲我們對自己的認知，認為自己是個失敗的人，思維讓成功和快樂越發遙不可及。我並不是說你應該忽視自己的缺點，只為了避免自我批判。例如，如果你有拖延的壞習慣，凡事都要等到最後一刻才拚命趕工，導致你常錯過重要的截止期限，工作品質下降，或讓你倍感壓力，那你的確需要好好思考該如何改進。但「了解自身弱點的自我覺察」和「嚴厲的自我批判」這兩者間是有差別的，自我批判只會讓已經緊繃的身心壓力更大，反而阻礙你發揮最大的潛能。

你對自己所抱持的信念與想法，決定你能否感受到幸福、信心和成功。它預示你在面對無可避免的失敗時，能否重新振作和成長奮發；以及能否接受挑戰和把握新的機會，並從中習得新技能。

力挺自己，做自己最堅強的守護者

何謂「自我慈悲」？自我慈悲就是像對待失敗的同事或朋友一樣善待自己，不責備、不批判，否則只會讓你的朋友更加無助絕望；你要帶著同理心傾聽，並鼓勵對方認清，人會犯錯是很正常的。

---

6 positivity bias，過度正面地預測，即使我們無法掌控未來發展，但仍舊相信一切會順遂如意。

身為史丹佛慈悲與利他主義研究教育中心的科學主任，我太清楚「慈悲」這樣的字眼，可能聽起來有點煽情，也代表著「軟弱無能」或「理想化」。但是自我慈悲絕非軟弱，相反地，這是睿智的行為。

比如說，自我慈悲並不代表在你失敗或犯錯時要輕易原諒自己，也不代表你不承認自己的弱點，而是要你以更有建設性的方式面對挫折，從中習得教訓。

在一項研究中，聶夫發現，面臨具威脅性的情況時，例如在一場要應徵者「描述自身最大弱點」的工作面試中，懂得自我慈悲的人用來形容自己的負面描述，會和對待自己較嚴苛的人差不多，不過在過程中，能寬以待己的人會比較不焦慮。

聶夫的研究證實，對自己慈悲，能讓我們展現最好的自己，走出內心的責難與衝突，除了能幫助人們更有韌性外，還有諸多益處，例如：

- 感覺更快樂。
- 比較不會感到焦慮、憂愁和壓力。
- 較多快樂、樂觀、好奇、創意和正面的情緒。

- 身體較健康。
- 面對壓力時，細胞發炎的機率較低。
- 可體松（和壓力有關的荷爾蒙）會減少。
- 增強心率變異度（這是一種能較快從壓力中恢復的生理指標）。
- 能改善專業度和提升個人技能。
- 更有動力。
- 具有更良好的人際關係。
- 減少對失敗的恐懼，更願意再度嘗試。
- 意志力更強大。
- 遇到難關時不會不知所措，抗壓性也較高。

雖然自我慈悲與過度自我批判所造成的生理現象尚待進一步研究，但慈悲研究專家保羅・吉爾伯特（Paul Gilbert）已經假設出一個簡單的行為模式：嚴厲的自我批判會活化交感（戰或逃）神經系統，提高可體松之類的壓力荷爾蒙。在這種情況下，我們無法從對我們有益的建議中獲得教訓，或有所成長。

相反地，自我慈悲則會啟動哺乳動物的照護系統，促進分泌與「愛」有關的荷爾蒙，如被稱為「擁抱荷爾蒙」的催產素，會在擁抱、性交以及母親餵乳時釋放，帶來幸福感。我們可以處理接收到的反饋，並從中學習，而不會自我否定。

自我慈悲的三大基本元素

在聶夫進行研究後，他歸納出自我慈悲有三個組成要素：

一、能更積極進行內心對話，寬以待己

自我慈悲是帶著同理心和耐心，以正面、鼓勵的方式啟動與內在進行對話，而不是用羞辱、批評或嚴厲的態度來譴責自己。而且，不論你獲得的是讚美或批評，對於正負評價都能淡然視之。

聶夫建議你可以用下面這些句子自我激勵：「你失敗了也沒關係；這並不表示你是一個差勁的人，你只是不擅長此道。」「我相信你也支持你，我知道你能做到。」

「我希望你能設法改變，讓自己更快樂。」

而且，當你懂得自我慈悲，才能對他人仁慈，並獲致更大的成功。對此，在第六章將有更詳細的解釋。

二、我們都一樣，每個人都會犯錯

「凡人皆有過。」十八世紀英國最偉大的詩人亞歷山大・波普（Alexander Pope）曾這樣寫道。

瞭解每個人都會遭逢挫敗的這個事實，會讓你先提醒自己，「這可能發生在任何人身上」，而且「勝敗乃兵家常事」、「失敗是最好的學習經驗」。一旦真正面臨挫敗，將能幫助你停止自責，並把沮喪降至最低程度。你會以平常心看待，不會自此一蹶不振。你也會逐漸明白，在你的專業或個人生活中，有一些你尚待磨練的技巧與專業，從而能立下新的志向，據此擬定計畫以改進自己的弱項。

三、能專注當下，不被想法牽著走

之前曾提過，正念就是覺察和確認你的思想與感受，但不要過度認同它們，也不要屈服於情緒洪流（包括你對自己的憤怒），而要帶著洞察力和距離觀察它們。也就是說，不要壓抑或否認這些真實的感覺，而是如實地與它們同在。

自我慈悲就是正念的具體實踐。因為正念是不做任何評價，如實接受自己的面貌，不自責，不自我批評，接納自己的局限、盲點、人性和缺點。

聶夫建議人們，當你覺得被負面情緒壓得喘不過氣來時，可以利用正念面對想法和感覺，像是告訴自己：「現在真的很難熬」、「你這麼難受真是令人同情」、「你可以撐過去的」。

心懷感激過生活

我們在實踐自我慈悲所面臨最大的挑戰，就是要克服我們習於負面思考的傾向。由於負面偏誤與習慣化的影響，人們往往對自己更苛刻。

不過，有一個習慣可以防止我們受制於這種慣性，那就是：感恩。感恩讓我們較能覺察到生命中的正面經驗，凡事採取正向態度，減少負面偏見，進而提升自身的快樂和成功。

心靈層面：能提升心理的幸福感和健康

- 增加正面情緒。
- 正面情緒能較持久。
- 減少壓力和負面想法。
- 降低焦慮和憂鬱。
- 減少物欲（物欲和幸福感呈反比，物欲越低，幸福感就越高；反之亦然）。
- 增加睡眠的品質和時間。

人際社交層面：能增進專業技能

- 社交智商更高。
- 改善人際關係。
- 更受歡迎（感恩讓你變成較仁慈、較利他，以及重道德、守倫理的人）。
- 增強意志力。
- 長期決策能力更好。

• 對他人的正面影響力更大，對方會變得更明理，行為處事也更誠實、正直與仁慈。

從簡單的小事開始善待自己

儘管感恩的益處這麼多，在美國卻只有百分之五十二的女性和百分之四十四的男性經常對他人表達感激之情，更遑論要對自己慈悲了。那麼，我們該如何訓練自我慈悲呢？

我認為，我們可以選擇把訓練的焦點放在期待能擁有的事物上（例如，更好的工作習慣），也可以專注於已經擁有的事物上（例如，忠實與誠信）。最幸福的人並非擁有最好的一切，但他們可以讓已擁有的一切都變成最好。每個人至少都會有一個值得讓自己心懷感激、充滿慶幸的面向。當我們注意到自己的正面特質，並且懂得感謝它們時，就會對自己比較慈悲。

你是從每天的日常事件中尋得小確幸，或是要執著於從不尋常的事件中發現快樂，端看你是如何看待未來的日子。我們大部分的人都活得好像還有無數個明天，來日方長，認為死神一定不會找上自己，直到我們生重病或親近的人過世時，才驚覺時間有限、生命無常。如果你能體悟到這個事實，從最簡單的事物中獲得的樂趣就會更多。

練習對自己慈悲，它會成為一種自然

我們從小就被教導要善待別人，但是對於「善待自己」的這個觀念卻很陌生，甚至有點不切實際或太過理想化。

所謂「善待自己」，就是要接受真正的自己，不僅接受自己的優點，也要接受自己的缺點，放下心中那些不切實際的完美期待，避開沒完沒了的自責，進而能坦然承認失敗與面對挫折，平息波濤洶湧的壞情緒。

以下是聶夫建議培養自我慈悲習慣的四個關鍵方法。

方法一：改變消極的自我對話

當你遇到失敗或面臨挑戰時，留意你的想法以及會對自己說的話語，可以幫助你減少自我批判，用自我慈悲取而代之。

例如，不要懊惱又喪氣地咕噥道：「我怎麼會這麼做？真是白痴！」而可以鼓勵自己：「我是一時疏忽沒注意到，但沒關係，誰都會有不小心的時候，不要緊啦。」

方法二：寫封安慰信給自己

當你的情緒激動難忍時，可以寫封信給自己。

一開始你可能覺得這樣做會很做作或很奇怪，但這就像寫信給一位親近的朋友，你只是想分享心情，告訴對方自己犯了一個代價高昂的錯誤，而且你很氣自己。你的字句應該是充滿安慰而不是攻擊，並且以平常心看待這個狀況，不要過度誇大它的嚴重性。很多研究證實，將情緒用文字書寫記錄，有助於緩和心情。

方法三：用同情的話語自我安慰

想出你在遭遇挑戰時可藉此寬容待己的一篇祈禱文或一個句子，好讓你能平靜又從容地面對困境。

像是聶夫自己使用的祈禱文是：「這是受苦的一刻，而受苦也是人生的一部分。但願我能在這一刻仁慈對待自己；但願我能給自己我需要的慈悲。」

方法四：列出每日的感恩清單

在一天結束時，寫下五件你覺得值得感恩的事情，可以是你已經完成、而且也覺得自豪的事；也可以是你在自己身上看到的正面特質。這聽起來似乎太簡單了，但這個簡易的練習卻能產生強大而持久的效果。

我的朋友蘿拉在離開耶魯之後，休假整整一年，反思自己真正想要的是什麼，並改掉對自我過度掌控的習慣。她參加一個荒野探險計畫，還在她喜歡的推理小說專賣店工作。一年後，她轉學到另一所常春藤大學繼續完成學業。畢業後，兩所入學門檻極高的法學院都願意提供她全額的獎學金。目前她在華盛頓特區的某個聯邦機構工作，且婚姻幸福。

錯誤的成功觀念曾經摧毀她的人生，而她也堅決表示不會讓下一代步上她的後塵：「我不想要我的女兒們感受到我曾經歷過的那些苦痛——那種當成績可能低於A時，就會有過度換氣的窒息感。」

要是蘿拉繼續咬牙硬撐，繼續當個最嚴厲自我批判的人，冷酷無情地驅策自己好還要更好，她有沒有可能在耶魯功成名就呢？也許可以。但是，她得為此付出多少代價？還有，在她無可避免地心力交瘁前，成功又能持續多久？蘿拉從根本著手改變她和自己的關係，勇於面對自身的強項和弱點，因此她得以找到幸福，也找到一條永續的成功之路。

這就是自我慈悲所產生的力量。它不但為心智奠定堅強穩定的基礎，也進而建立我們的內在力量。

別再著眼於自身的缺點了，你該想的是自己有哪些特點。對自己慈悲，放下自我批判，將會幫助你在面對失敗時更具韌性，從錯誤中學習成長，發現化危機為轉機的契機。結果，你會懂得感恩，變得更快樂，成功機率也將大幅提升。

◆自我慈悲就是與自己和解，避開沒完沒了的自責。

許多神經科學和心理學研究都證明，如果想要事業有成，你與自己的關係和與他人的關係一樣重要。如果在失敗後對自己態度苛刻，再次失敗的機率更高；如果你能善待自己，下次就會做得更好。

訓練自我慈悲的簡單方法就是：「像對待失敗的同事或朋友一樣善待自己。」與其訓斥、批判，讓對方感到無助與絕望，不如帶着同理心傾聽，並鼓勵朋友，犯錯是正常的。

◆自我慈悲能平息波濤洶湧的壞情緒，找回風平浪靜的心情。

從下列自我慈悲的組成三要素可以看出，對自己多點同情，少些責難，能避免陷入恐懼、孤立、消極的破壞性模式。

一、能更積極地進行內心對話，寬以待己。例如，你可以對自己說：「你失敗了，但沒關係，這不代表你很差勁，而是你不擅長此道。」

二、明白每個人都一樣，都會犯錯，但失敗能讓你瞭解自己有更大的改進空間。

三、能專注在當下，不被負面的想法和情緒牽著走。你可以對自己說：「現在可真是難捱啊。」「你這麼難過真令人同情。」

◆多些同理，少些苛責，勤加練習強化自我慈悲。

自我慈悲的四個關鍵方法：

一、改變消極自我對話的模式。不要說：「我怎麼會這麼做呢？我真是大白痴！」而可以說：「我只是一時不小心，沒關係的。」

二、給自己寫封安慰信，就像是寫給犯了同樣錯誤的朋友。內容不要充滿憤怒，而要多些鼓勵與安慰。

三、用同情的話語自我鼓勵。比如：「這是個痛苦的時刻，但苦難是人生的一部分，在這一刻，讓我可以善待自己，給自己所需的慈悲。」

四、每天寫下讓你心存感激的五件事情。

六、

讓員工績效更好的「仁慈領導」

慈悲比自利對你更有益

善良是唯一絕不會失敗的投資。

——亨利・大衛・梭羅（Henry David Thoreau）

當初德瑞克（Drake）剛進華爾街的投資銀行貝爾斯登時，立刻對它的自利文化感到震驚。投資金融業無疑是競爭激烈、壓力極大的一行，但德瑞克先前是在一家高度重視共同領導與協力合作的投資銀行工作，所以他覺得公司的環境嚴酷且冷漠到令人覺得不可思議。

貝爾斯登為了降低營運成本，選擇給予員工較高的紅利。然而，這種薪酬制度也導致同事間競爭激烈，別說彼此在走廊上碰面都不打招呼了，對於建立同事情誼更是興趣缺缺。每個人都只關心自身利益，對自己的客戶資料竭力保密，更動輒爭搶同事的業績功勞。

德瑞克告訴我：「貝爾斯登在招聘員工上完全無法與摩根士丹利和高盛等頗具聲望的金融機構競爭，因為它的企業文化是好鬥、冷酷、無情的，員工多是來自社會底層、憑藉奮鬥躋身而上的人。」

貝爾斯登的企業文化可能看似殘酷不仁，但它代表深植在我們的文化之中，一個成功理論的誇張版：要成功，你就必須只為自己著想。

領導者的重要品格

我們從小就被教導這是一個成王敗寇、人不為己天誅地滅的世界，唯有適者才能生存，因此你必須專注於自己，才能不被競爭對手淘汰。

經濟學家長久以來也主張「自利」是人類努力的首要動機，並進一步推廣「我們本質上都是自私的生物」這種觀念。他們指出，資源是有限的，所以你一定要確保自身利益，爭搶第一，才不會被對手超越。一份研究就顯示，主修經濟學的學生行為比較傾向自利，因為他們在學習過程中不斷在大腦裡被植入這種理論。

於是，我們終其一生都在面對這樣的競爭：你能不能表現得比你的同學更優秀，進入更好的大學？一旦你開始工作，能不能獲得升遷，還是你的同事會被拔擢？在商業競爭上，你能否勝過你的對手？這些問題似乎都指向一個顯而易見的答案，那就是：你需專注在「自己」身上。它是一種零和遊戲：會有一個贏家，但也會有一個輸家，而你最好成為贏的那個人。

然而，科學研究顯示，自私和只專注自身利益會妨礙一個人達成更大的成功。待人處事以慈悲寬容為前提、而非以自利為優先的那些人，更可能快樂和成功，也能幫助別人成功。在接下來的文章中，我會一一引用科學觀點加以解釋說明。現在讓我們先來看看德瑞克的例子。

德瑞克快樂、慷慨又關心他人，總會在自己的能力範圍內幫助別人。他和他太太參與許多公益活動，希望能盡力幫助全世界飽受貧窮之苦與遭受暴力威脅的兒童。仁慈可以說就是他的天性。

所以，當德瑞克進入貝爾斯登工作時，執行董事對待員工的不當方式讓他感到震驚。公司高層一心只想到自己的利益，把資淺行員操到累趴。例如，他們會堅持當員工從漢普頓過完週末後，在星期天晚上十一點到公司加班，並在隔天上午，要完成一份在數日後才需要交給客戶的簡報，而且員工接下來還得繼續工作一整天。

除了競相爭奪紅利和客戶之外，貝爾斯登的執行董事也必須爭搶公司最優秀的初級行員加入他們的計畫。基層行員自知不論聽命於誰，都無法逃脫如同置身煉獄般的命運，所以他們傾向靠攏以往做成最大筆交易、並立下輝煌戰績的執行董事，因為這樣就可以拿到比較多的紅利。當德瑞克剛進貝爾斯登時，基層行員對他尚不熟悉，因此都不願加入他的團隊。

儘管該公司的利己文化盛行，德瑞克仍決心堅守他的價值觀。他以寬厚且尊重的態度對待員工，並且給予他們做夢都想不到的大好磨練機會。例如，基層員工很少有機會能參與客戶會議，然而，德瑞克會邀請最基層的行員與會，並賦予他們重責大任。

在某次交易中，德瑞克勉強找到一位分析師和他一起合作。他告訴對方：「我認為我們這筆交易的勝算很大；而且我相信光靠我們兩人就可以搞定。也就是說，妳得扮演分析師、助理和副總裁三種角色，並且由妳來向客戶推銷這項IPO（首次公開募股）。妳將有機會體驗，成為今年最熱門IPO公司的副總裁是什麼感覺。」

德瑞克不僅邀請這位分析師加入（她原本根本不可能有機會參與客戶會議），還給她向客戶簡報的機會。這位分析師後來申請商學院時，就因為這樣的工作經歷，而擁有比其他應試者更突出的絕佳優勢。

這檔股票後來成為年度績效最好的IPO，而其他基層行員看到這位分析師獲得的寶貴經驗後，紛紛主動尋求與德瑞克共事的機會。因為這裡有個會尊重他們，不會無故要他們加班，關心他們的專業發展，還提供他們難得機會的主管。

之後，德瑞克繼續贏得大筆交易，而這也跟他擁有一支忠心又勤奮的團隊有極大的關係。不久，其他執行董事就紛紛好奇地詢問德瑞克：「你到底是用什麼方法讓優秀的員工願意跟你一起工作？」

其實答案很簡單，就是德瑞克願意設身處地為員工著想，瞭解他們的挑戰和抱負，抱持真心想要幫助他們成長的態度與之共事。結果，他和同事的互動既正面、互信又充滿關懷，並且建立了穩固的人際連結。顯然，富有同理心與關懷的態度所產生的效益遠比自利強大，即便在競爭激烈的環境中，也能幫助德瑞克保持初心，並獲得成功。

仁慈是天性，讓人類得以繁衍生存

仁慈是自我中心的對立面。它讓我們能關注他人，也能對別人的痛苦感同身受，並試圖設法幫助對方。某種程度來說，也就是同理心，能促使我們由衷說出「我能感受你的痛苦」的，就是這種感覺。

很多人相信「自我中心」是天性，但針對嬰兒和動物的研究卻證明這種看法是錯的。像是年幼到不可能知道禮節的黑猩猩與嬰兒，在遇到別人有需要的時候，會自發地採取行動，幫助對方。甚至連老鼠也能體會到另一隻正在受苦老鼠的感受，努力協助同伴逃脫困境。德國聲望卓著的科學研究機構馬克斯普朗克學會（Max Planck Institute）亦主張，仁慈是人類和動物與生俱來的天性。

「適者生存」這個概念常被誤認為是出自達爾文，但它最早其實是由政治理論家赫伯特・斯賓塞（Herbert Spencer）提出的，他的目的是為社會與經濟階層的不平等提供理論予以支持。相較之下，達爾文則認為：「一個社群中擁有最多富有同情心成員的群體，將能最成功地繁榮發展，並撫養出最多的後代。」

換句話說，促使人類長久生存與發展的關鍵，並非冷酷無情的競爭，而是同理心與善良。我們的生存與繁榮，無論是身處大自然中，還是在現實生活裡，都依賴彼此的支持與幫助。

獲得愛與歸屬感的力量

我們也可以說，慈悲和仁愛是人類之所以能在世上存活這麼多世紀的真正原因。我們需要幫助他人生存，進而共創人類的繁榮。

我們經常以獨立自主、自力更生為傲，但細究之下，我們其實是極度社會化的生物。休斯頓大學社會工作研究所教授布芮尼・布朗（Brené Brown）在進行建立社會連結的研究時指出：「強烈的愛與歸屬感，是所有人都無法抗拒的需求。我們在生理、認知、心理和靈性層面，都被設計成具有去愛、被愛，和尋求歸屬感的自然傾向。當這些需求無法獲得滿足時，我們就無法正常運作。我們會崩潰、會瓦解、會麻木、會痛苦、會傷害他人，還會生病。」

我們可能以為自己渴望的是金錢、權力、名聲、美貌、青春或一輛新車，但這些欲望的根源，其實是為了獲得歸屬感，希望能被接受，並與他人建立連結。

對身心健康都有益

相較於以自我為中心的人，擁有慈悲心者，通常具有以下的健康優勢：

- 長壽的可能性增加百分之五十
- 減緩壓力對健康造成的影響
- 增強免疫系統
- 減少身體發炎反應
- 降低焦慮和憂鬱的發生率

慈悲也能幫助我們在面對人生的壓力時更快復原。一份針對超過八百人的研究發現，高壓通常也預示可能會早死，但對於從事志願服務的人而言，這種影響則不明顯。在另一個針對高齡夫妻所做的長期研究裡，科學家比較「照顧者」與「被照顧者」，結果顯示，照顧者不僅整體健康狀況較佳，壽命也更長。

獲得幸福與滿足

我曾在史丹福做過一份調查，詢問五百個人下面這個問題：「做什麼事會讓你最有成就感？」讓大家花幾分鐘想一想要如何回答這個問題。然後再提出另一個問題：

「如果你只有三天可活，你會如何度過？」再讓大家想想答案。

結果呢，這兩個問題最多的回答，分別是「幫助別人」以及「和自己心愛的人共度」。儘管在現實生活中，我們可能並未做到這點，但直覺告訴我們，和他人建立連結，才是生命中最有意義的事。

你是否有過這樣的經驗：你度過了糟糕的一天，情緒十分低落，然後，你突然接到朋友或家人來電，對方迫切需要你的幫忙。剎那間，你把全副精神都放在對方身上，盡己所能地幫忙解決問題。後來，你那糟糕透頂的一天會變得如何？

在我的工作坊中，我問過很多學員這個問題，他們不約而同給出一樣的答案：那一天會比較好過。他們會突然覺得充滿活力，甚至是快樂。你會從只關注自己，變成能照顧他人的付出者，從感覺沮喪變成能量飽滿、積極正向。

當大腦從只關注自己和充滿壓力的狀態，轉換至付出關懷，以及與人產生情感連結的新形態，我們的心跳速率會減緩、迷走神經的張力（能幫助我們從壓力中放鬆和回復正常的能力）會增強，同時也會分泌產生連結與親密感時不可或缺的荷爾蒙，比如催產素。在這種新的狀態中，我們會覺得輕鬆愉快，對別人也更友善。

我們都知道，當他人對我們展現仁慈或慷慨時，那種感覺有多美好。然而，當我們對人表現友善和感恩時，也能讓我們立即感受到快樂，而且比被仁慈對待時更加愉快。這就是為什麼人們會不惜反自利之道而行，願意去幫忙別人；這也是為什麼在二〇一四年有百分之二十五的美國人參與志工服務（這個比例多年來一直穩定維持），為什麼美國人平均會捐出他們百分之三的年收入（中低收入者捐款的比例甚至更高），以及為什麼人們願意在大雨滂沱的高速公路上停下車來，幫助車子拋錨的人，又或是餵食流浪動物。

一項與腦部造影有關的研究顯示，大腦裡的「快樂中樞」（即與愉悅體驗相關的神經區域），在當我們獲得金錢時，會和將錢捐贈給慈善團體時一樣活躍。在另一項研究中，受試者會獲得一筆金錢，然後被指示要買東西給自己，或是把錢花在別人身上，結果顯示，那些把錢用在幫助別人的受試者會覺得更幸福。研究團隊還發現，即使是年僅兩歲的孩童，也會覺得施比受更快樂，而且這些結果在不同文化、不論貧富的國家都成立。因此我們可以大膽推論，仁慈就是人類的天性，也能讓我們更快樂、更滿足。

既然科學證明我們天生就具有關懷他人和富有同情心的特質，那麼為何「自利才是驅動力」的觀念仍如此盛行？部分原因在於，經濟學家長期推廣這種理論。研究顯示，主修經濟學的學生，因為不斷接受這種學說的薰陶，在行為上往往更自私。另一項研究則發現，人們因為受到「自利規範」的影響，也就是擔心別人會誤解自己的行為是出於自私的目的，害怕被認為是為了獲取回報，於是選擇不去行善。

當你戴上「以自我為中心」的眼鏡

現在，來說說貝爾斯登這家公司的結局。

二〇〇八年，在次級房貸市場崩盤之後，貝爾斯登也跟著走下坡。德瑞克告訴我，雖然也有其他原因導致該公司的衰敗，但其貪婪自利的企業文化更加速它走上毀滅之路。貝爾斯登當時的執行長詹姆斯（吉米）・凱恩（James "Jimmy" Cayne），告訴聯準會和華爾街的首長，他們不打算參與紓困。所以猜猜看怎麼了？當貝爾斯登需要紓困時，也沒有人願意幫忙。大家都袖手旁觀，就等著只要聯準會一擺脫次級房貸這顆燙手山芋，馬上也要爭取高利潤的經銷權，藉此分一杯羹。

二〇〇八年三月，聯準會提供最後一筆緊急貸款，以免這家銀行倒閉，但條件是它在那個週末就得賣給摩根大通。貝爾斯登的股份，市價曾經是一七一・五美元，最後以每股十美元出售。

貝爾斯登的故事證實，自利的手法的確可能在短期內讓人獲益，但長期而言，它終究會令你自食惡果。在一些極端的情況下，更可能讓你賠上一切。研究顯示，以自我為中心會在以下四方面傷害你。

一、產生盲點

過度關注自身利益可能導致傲慢，或是以心理學的說法是「自戀」的心態。據聖地牙哥州立大學教授、也是《自戀時代》的合著者珍・圖溫吉（Jean Twenge）表示，自戀是一種誇大的優越感和特權意識：「它是種複雜的多面向特質，結合了虛榮、物欲、缺乏同理心、人際關係問題，還有自我中心。它是涵蓋多種特性的廣泛概念，但其核心就是自我價值的過度膨脹。」

雖然很多人認為自己並不自戀，但圖溫吉有份問卷調查卻顯示，現代人的自戀得分正在上升中。大學生的自戀分數從一九八七年開始便急遽攀升，如今有百分之六十五的大學生，自戀得分高於以前的同世代。

圖溫吉告訴我，當她的研究結果剛發表時，很多大學紛紛對此提出看法。出乎她意料的是，這些文章並未反駁研究結果，但他們認為，在競爭激烈的世界裡，人們一定得自戀才會成功。

對此，圖溫吉表示：「這種觀點的前提是，自戀有助於成功。但問題在於，這個前提並不成立。」她認為自戀者最終會失敗的其中一個原因，就是他們太勇於冒險了，因為他們對自身能力缺乏清楚的認知，結果導致長期下來表現多半不盡如人意。尤其在職場上，自戀可能會產生令人覺得不可思議的盲點，導致你對自己的領導力和專業能力產生過度正面的錯覺，甚至與你的主管對你的評價完全不符。這種過度樂觀的看法，會讓你無法察覺自己的弱點。

就領導力來說，自戀者總是想當領袖，可是一旦他們掌權，卻往往不受團隊歡迎，也缺乏有效的領導力，因為我們通常更喜歡謙遜、隨和且富有同理心的領導者。

不過圖溫吉也承認，這項規則有個例外，就是如果是公開表演，或有觀眾欣賞的場合，自戀者通常會有更優異的表現。只是在大部分的情況下，自戀者的表現只是差強人意。

摧毀你的人際關係

圖溫吉跟我分享，以自我為中心和自戀可能會危害人際關係，讓人對你退避三舍，敬而遠之。

我們都曾與過度自戀的同事或主管共事過，這類型的人，要不是大肆吹噓自己的成就，想要引人注目；不然就是「來陰的」，他們會耍小手段，拿同事當墊背，搶走別人的功勞。這種情況在學術圈太常見了，比方說，有些科學家和教授的成就備受讚揚，但實際上負責進行工作的卻是研究生和後博士科學家。

此外，自戀者在與人對話時，會頻繁使用單數的第一人稱（如：「我」和「我自己」），且容易態度惡劣，因為當他們的自尊受到威脅，或認為自己沒有得到應有的尊重時，就會勃然大怒和產生自戀式的反擊。

一項名為「自戀與反生產力的工作行為：當自我比較大，問題也會比較大嗎？」

的研究顯示，在自戀量表上排序高的人，在憤怒和反生產力工作行為的排序也較高。他們很可能做出傷害工作團隊的不道德行為，包括人際之間的攻擊性舉動、偷竊、破壞、散播謠言和拖延工作。自戀者也可能對別人產生偏見，甚至做出霸凌的行為，以便讓自己感覺良好。更甚者，無可避免會導致他們在社會上被孤立，最終使得其反社會行為變本加厲，導致更進一步被邊緣化。

研究證實，憤怒和挫敗感會破壞同事和員工的忠誠度。華頓商學院的亞當・格蘭特教授指出，如果你不善待他人，對方可能也會以同樣的態度回對你；如果你以憤怒對待同事或員工，最終會對你造成困擾。「下次當你需要倚重那位員工時，恐怕對方已失去原有的忠誠度了。」

此外，容易表現出負面情緒的主管，也被認為比較沒有效率，因為他們會給團隊過多壓力，影響產能。研究也顯示，職場壓力可能導致員工流動率高，婉拒升遷，甚至是辭職。

三、無法面對失敗

以自我為中心非但難以讓人拔得頭籌，還可能讓你在面對挑戰或失敗時較不具韌性。

有自信和能正面看待自己當然是好事，但是過度自信則會適得其反，因為它會讓你產生喜歡與人一較高下的競爭心態，心理學家稱之為「優於常人效應」（better-than-average effect）。一般而言，大部分的人都自認為優於常人。

尤其在美國，個人主義盛行，每個人都希望自己與眾不同。但要一直表現得比別人好，永遠是人生勝利組，那是不可能的。自信其實是你功成名就的結果，而不是原因。當你的自我價值取決於你的生活或專業領域是否成功時，你的自信在面對失敗時可能就變得不堪一擊，瞬間崩潰，導致你從此一蹶不振。

四、損害健康和幸福感

極度以自我為中心的人因為缺少社會連結，可能會對健康造成嚴重後果。一九八八年，密西根大學教授詹姆斯・豪斯（James S. House）主持了一個具有里程碑意義的研究，探討人際關係對健康的影響。他發現，缺乏與他人交流的社會互動和聯繫，會「對健康造成風險，而且嚴重程度與抽菸、高血壓、高血脂、肥胖和缺乏運動等這些大家公認的健康風險因子不相上下。」

一項針對不同企業或團隊的員工所做的研究顯示，壓力大的人在醫療上的支出，比在類似組織中感受較少壓力的人高出百分之四十六。

此外，社會孤立也會加速生理上的老化。我們多半會注重基本的養生，像是要營養均衡、運動或上健身房，以及適度休息，卻經常忽視社交連結的重要性，也就是和他人建立正面連結的感覺。孤獨與更高的疾病風險、加速生理老化和提早死亡密切相關，也與細胞發炎反應增加及免疫力降低有關。

在心理上，以自我為中心和負面情緒，尤其是焦慮有著緊密的關聯。焦慮和憂鬱這兩種情緒狀態，與大腦處理一個人對自我看法的活動有關。以自我為中心，對心理造成的間接後果就是被社會孤立。畢竟，誰會想跟一天到晚只想到自己的自私鬼在一起呢？

然而，同理心是否有助於健康與正面情緒，端視這些同理行為的動機而定。從事志願工作者若是出於利他，而非個人利益時，這些人的確會比沒有從事志願工作的同輩更長壽。因為，展現同理心與幫助別人，必須是出自真心誠意的意願，而不是源於一己私利。

利他與仁慈的管理之道

很多人或許會質疑，富有慈悲心的管理之道，會不會顯得太感情用事？這樣做不會讓自己看起來很軟弱嗎？但研究顯示，領導者的善良品行，非但不會讓他顯得懦弱無能，反而會提升他在團體中的地位。

此外，比較快樂的員工是促進合作、並讓職場氣氛更融洽的助力。具有仁慈之心的工作文化，不僅能提高員工的幸福感和生產力，也能增進客戶的健康和滿意度。

仁慈領導好處多

密西根大學商學院教授金・卡麥隆（Kim Cameron）和他的同事，研究了職場中展現慈悲心的效果。他把仁慈的練習定義為：

- 把同事當成朋友般關心、感興趣，也樂於幫助他們。
- 給予支持，包括在他人陷入困境時，能秉持人溺己溺的精神對待。
- 在工作中互相鼓勵。
- 避免指責，原諒錯誤。
- 以尊重、感恩、信任與互助對待彼此。

卡麥隆在一篇刊載於《應用行為科學期刊》的研究論文裡解釋道：「當組織實行這些方法時，整體效率會大幅提升，包括財務表現、顧客滿意度與生產力等方面。在職場上越展現寬容之心，獲利率、生產力、顧客滿意度和員工投入程度就越高。」

好人比較容易成贏家

假設，有兩個天分和專業技術不相上下的人，你會比較想和誰一起共事？相信應該會是善解人意、懂得體貼關心同事的那位。

華頓商學院教授亞當・格蘭特認為，好人會率先達到目標，完成任務，只要他們學會不讓別人利用他們的良善（誠然，正如很多人所懷疑的，富有同情心的領導者有時的確也會中箭落馬，被判出局）。被格蘭特稱為「給予者」的一群人，具有在乎他人感受、會關心同事和員工等特質，他們多半處於成功階梯的底部——因為他們被自私的「索取者」給撂倒了。

但這裡也有個驚人的發現：在成功階梯的頂端，「給予者」的比例也特別高。那麼，為什麼「給予者」既集中在最不成功的人，也集中在最成功者之列呢？

原來，「給予者」因為更受歡迎、更獲讚賞，因此較具影響力。而成功與不成功的「給予者」，這兩者的區別往往在於策略：當「給予者」學會避免被人利用之後，他們的善良特質終會讓他們比任何人都更成功。部分原因是每個人都樂於與之共事，也欣賞他們仁慈和肯為人付出的特質。

能激發人的忠誠度

當我們看到有人做出富有同情心或助人的舉動時，內心會湧現一股溫暖感動的情緒（你甚至還可能會為之落淚或起雞皮疙瘩）。心理學家強納森・海德特（Jonathan

Haidt）將這種狀態稱為「提升感」（elevation），這可能是因為它讓你在當下感受到精神上的昇華。

在職場中，提升感會增強員工的忠誠度。如果領導者能以禮貌、尊重、體貼的態度對待員工，或者願意為團隊的利益而做出犧牲，員工就會產生提升感，進而使員工對老闆更忠誠，工作也更盡心盡力。

此外，提升感也會營造更溫暖的工作氛圍。當你看見別人幫助他人時，你也更可能行善。同樣地，在職場上，當領導者能激發工作同仁的提升感，員工也會更樂於幫助同事，或是態度友善。

換句話說，仁慈的行為可以創造更同心協力的工作環境。如果你仁慈待人，你身邊的人也會用同樣的態度回報你。針對「讓愛傳出去」的研究顯示，當你和樂於幫助你的人一起工作時，你同樣也會較樂於助人（而且不一定只幫那些曾幫過你的人）。

總之，這種富有同情心與善良的行為具有感染力，它會自你身邊擴散開來，讓受惠者加倍。

讓人倍感溫暖，進而提升創意

此外，仁慈也會讓人值得信賴。信任是我們生命中不可或缺的一個面向，因為它能讓人有安全感。

也許是因為領導者和主管會決定我們的工作體驗，例如是嚴苛、緊張，或是愉快、輕鬆，所以我們對在上位者是否令人信賴更為敏感。強硬的老闆會激發我們對壓力的反應。我們的大腦對於威脅很敏感（不論這個威脅是來自發怒的獅子或是抓狂的老闆），當人際關係讓人覺得放心時，腦部的壓力反應便會大為降低。

更進一步來說，信任也會提升創新的精神。格蘭特告訴我：「當你用沮喪或憤怒的態度對待屬下時，員工會較不願冒險，因為他們擔心犯錯所導致的負面後果。換句話說，你扼殺了企業文化中的實驗精神，而這正是學習和創新的關鍵。」

他還提到由密西根大學費歐娜・李（Fiona Lee）所主持的研究顯示，如果公司能提倡一種讓員工具有安全感、而非擔心負面結果的企業文化，將有助於激發創造力。

發揮同理心，讓脆弱產生力量

有項研究顯示，人們雖然有助人的天性，卻因為「人皆自私」的自利成見而卻步。因為他們擔心別人會誤認為自己之所以幫忙，是出於自利而想要有所回報。

此外，某些人對於要幫助苦難者這件事，可能會猶豫不決，因為他們害怕將付出太高的代價，甚至還會感到惶恐、不知所措。著有《脆弱的力量》一書的布芮尼‧布朗教授，將此種感受稱為「脆弱」。

誠然，要面對另一個人的痛苦並不容易，以仁慈之心對待他人，也可能會讓你感覺不自在，因為你必須展現內心深處的真誠情感。但我們並不習慣表現自己感情豐沛的一面，尤其在工作中更是如此。可是，這麼做是值得的。

喬漢‧柏林（Johann Berlin）是營運諮商公司的執行長，他與我分享某次他在一家百大企業公司中授課的經驗。參與者全是高階主管。其中有一個活動是請參與者兩兩成對，互相分享生命中的經歷。在活動結束後，一位高階執行經理顯然對這次的經驗深受感動，他對柏林說：「我和我的同事共事已經超過二十五年，卻從來不知道他曾經歷過這麼困苦的生活。」在這真誠與私密交融的短暫時刻，這位執行經理對他同事的同理以及連結瞬間加深，遠勝過共事多年的情誼。

同理心就是設身處地為他人著想，理解他們正在經歷的挑戰，並真心希望幫助他們。

要訓練同理心，第一步是培養共情能力，也就是「穿上別人的鞋」——試著站在他人的角度，真正瞭解他們的感覺。當你能理解他人的情緒和經歷時，可以讓你將心比心，以最貼切、最恰當的方式與之互動。於是，對方會感覺到自己被聽見、被瞭解、被尊重，不論在個人生活和專業工作層面，彼此的關係都會有所提升。

我們都有共情天賦

如果你留意過自己的身體對他人產生的自動反應，就會發現其實我們會很自然地瞭解並回應周遭的人的感受。例如，當看到別人皺眉時，我們臉上的皺眉肌肉也會跟著活化，使我們無意識做出相同的表情。也就是說，我們能透過對方的表情和肢體語言「讀取」到他們的心理狀態。不過，這可不是表面上的肌肉模仿，它也是心理上的共鳴。

研究顯示，看到他人的情緒，會啟動我們大腦中與感受該情緒時相同的神經迴路。如果對方的神經迴路發生變化，我們的迴路也會隨之變化，產生情緒感染的效應。這個運作系統涵蓋各種情緒，包括悲傷、焦慮與快樂。例如，有個朋友哭了，你會感覺淚水在眼眶中打轉；或是當別人放聲大笑，你也會被那股歡樂感染，笑到肚子痛。

有一次，我有個親密的好友走進我的房間，她還未開口，我就聽見自己脫口而出問道：「發生什麼事了?!」我會這樣說，也出乎自己意料。因為我根本還沒意識到有什麼不對勁，我的朋友沒有哭，也沒有表現異常，但我就是莫名其妙地感覺到了。接著，她要我抱抱她，然後告訴我，她最要好的一個朋友剛發生意外，傷勢嚴重，有生命危險。

我怎麼會知道出事了呢？因為我們的身體裡內建了一個敏感至極的共情系統，它的反應比我們的理性能力更迅速，也更自動，就像是反射動作般。我們就像敏銳的共嗚板或音叉。即使我們沒有意識到，我們的內在還是會接收到別人的情緒或痛苦。

此外，研究顯示，當我們看到他人的情緒時，大腦還會啟動與我們經歷該情緒時相同的神經迴路。這就是為什麼我們見到某人跌倒時會不由自主地縮起身體，為什麼當小嬰兒聽到另一個寶寶哭泣時也會跟著哭，以及為何恐慌會在人群中迅速擴散等的原因。

強化你的「同理心肌肉」

同理心是仁慈的基礎，我們也都具備同理心，以下有幾種方法，可以讓你充分發揮與生俱來這種內在的同理反射。

一、專注聆聽別人說話

當你和某個人說話時，要專心傾聽並看著對方。很多訊息是透過臉部表情，甚至是語調傳達出來的。

聆聽對方的遣詞用字，注意他是如何表達自己；還有觀看他的臉部表情，尤其是眼睛。俗話說，「眼睛是靈魂之窗」，這句話是真的。研究發現，你可以透過人們的眼神讀出他們的情緒。

有一種關於同理心的研究方式是，要求受試者只看人的眼睛的照片，然後描述出觀察到的情緒。結果發現，不論是偏斜的頭部、眉毛的角度、眼角的皺紋，都能忠實傳達出那個人的情緒，顯示一個人的確可以「從眼讀心」，瞭解對方究竟在想什麼。因此，透過傾聽與直視對方，我們就可適當給予回應或支持。

二、說出對方的觀點

另一種可以同理別人的方法是，說出你觀察到他們正感受到的情緒。

下一次當你遇到尷尬、困窘，或不知該如何表達關切之意的情況時，可以試著先認同對方的情緒。例如，你可以利用委婉的方式，來表現你瞭解老闆在生氣（「你好像對——覺得很挫折」），又或者你的同事看起來悶悶不樂，（「你今天似乎心情有點低落；如果有我可以幫得上忙的地方，請讓我知道」）這樣說可能就能化解尷尬，他會覺得被聽見、被理解。而且，這也會確保你對他們的情緒與反應解讀是正確的。

也許對方並沒有生氣或傷心，他只是覺得累了、不想說話。如果有所誤解，他也可以糾正你，讓你有機會瞭解真相為何。

三、參加慈悲訓練課程

就像肌肉或習慣，仁慈也可以被強化，像是透過慈愛冥想[7]或慈悲訓練課程等。史丹佛慈悲與利他主義研究教育中心舉辦的九堂慈悲修行訓練課程所做的研究，就顯示出這類課程具有下列的重要好處：

- 能降低壓力荷爾蒙與發炎狀況，增進免疫功能，減輕焦慮和憂鬱。
- 能增強同理心。經過慈悲訓練的參與者比較能夠辨認顯露情緒的臉部表情，而且在腦部和同理有關的區域也會發生變化。
- 讓我們對他人和自己更仁慈，更願意伸出援手，幫助有需要的人。

7 慈愛冥想是一種傳統的佛教修行，是關於愛的冥想，把對自身的同情延伸到更廣泛的其他人身上。

- 能強化人們調節情緒的能力，而且在面對他人的苦難時能更堅強。
- 效果迅速。雖然很多慈悲訓練的時間都很長（例如：九週、九堂課），但我和我的同事在短短七分鐘的慈愛冥想中，就發現當下與人的連結感產生了改變。

快樂成功學

◆仁慈能帶給員工幸福感，是最佳的管理之道。

當公司對員工強調的是仁慈倫理而非壓力文化時，對於員工健康、工作效率與激發創意都有相當重要的正面影響，因為：

一、仁慈的意念，能和他人建立正面的連結、加速疾病康復，也使長壽的機率增加百分之五十。

二、員工能擁有愉悅而積極的情緒，願意主動幫助同事，而且這種富有同情心與善良的行為具有感染力，讓受惠者加倍。

三、當人際關係讓人感到安全時，會大幅降低腦部的壓力反應，進而激發創造力。

◆**仁慈既利人又利己，是領導者最需要具備的特質。**

利他與仁慈的品行在團隊中會增加領導者的威信，甚至轉化為一種強烈的競爭優勢，因為：

一、善良的品行不會讓管理者顯得太軟弱，好人反而最先成功。但前提是，他們要學會不讓別人利用他們的善良。

二、仁慈能產生互信與信任，讓人覺得放心。尤其在職場上，管理者和領導者會決定我們的工作體驗，當人際關係讓人感到安全時，大腦對於壓力的反應會減弱，做出更好的表現。

三、信任可以提升創新精神。相反地，當管理者以沮喪或憤怒的方式對待屬下時，員工會比較不願意冒險，因為他會擔心犯錯的後果。換句話説，這樣做會扼殺企業文化中的實驗精神。

作者簡介

艾瑪・賽佩拉　博士 Emma Seppälä, PH.D.

美國耶魯大學及哥倫比亞大學心理學系畢業，史丹佛大學心理學博士。現任史丹佛大學「慈悲與利他主義研究教育中心科學部主任」，教授「快樂心理學」，為該研究領域的先驅。

創設高人氣的新聞網站「實現日報」（Fulfillment Daily），並長期為《哈佛商業評論》、《今日心理學》與《赫芬頓郵報》等媒體撰文。

譯者簡介

陳秋萍

台灣人。政治大學畢業，主修中文，輔修英文。專職筆譯和口譯多年，現為賽斯文化版權部經理。

譯作頗豐，包括《早期課3》、《早期課6》、《與賽斯對話》（卷一&卷二）、《生命永不落》、《蓮葉清單》、《少年海鳥之歌》等。另外也在台中賽斯教育中心開設相關課程。

big 00456

你快樂，所以你成功：史丹佛大學最重要的快樂心理課，讓幸福化為成功力【快樂致勝版】

作　者—艾瑪．賽佩拉
譯　者—陳秋萍
主　編—郭香君
企　劃—張瑋之
封面設計—FE工作室
內頁排版—新鑫電腦排版工作室
總 編 輯—胡金倫
董 事 長—趙政岷
出 版 者—時報文化出版企業股份有限公司
108019台北市和平西路三段二四〇號七樓
發行專線—（〇二）二三〇六—六八四二
讀者服務專線—〇八〇〇—二三一—七〇五
（〇二）二三〇四—七一〇三
讀者服務傳真—（〇二）二三〇四—六八五八
郵撥—一九三四四七二四時報文化出版公司
信箱—10899臺北華江橋郵局第九九信箱
時報悅讀網—http://www.readingtimes.com.tw
綠活線臉書—https://www.facebook.com/readingtimesgreenlife
法律顧問—理律法律事務所　陳長文律師、李念祖律師
印　刷—家佑印刷有限公司
初版一刷—二〇一七年五月十九日
二版一刷—二〇二五年五月十六日
二版二刷—二〇二五年七月三十日
定　價—新臺幣三五〇元

時報文化出版公司成立於一九七五年，
並於一九九九年股票上櫃公開發行，於二〇〇八年脫離中時集團非屬旺中，
以「尊重智慧與創意的文化事業」為信念。

你快樂，所以你成功：史丹佛大學最重要的快樂心理課，讓幸福化為成功力【快樂致勝版】/ 艾瑪 ・ 賽佩拉 (Emma Seppälä) 著；陳秋萍譯 . -- 二版 . -- 臺北市：時報文化出版企業股份有限公司 , 2025.05
面；　公分 . --（big；DH00456）
譯自：The Happiness Track：How to Apply the Science of Happiness to Accelerate Your Success
ISBN 978-626-419-386-3（平裝）
1. 成功法　2. 自我實現

177.2　　114000737

版權所有　翻印必究
（缺頁或破損的書，請寄回更換）

ISBN 978-626-419-386-3
Printed in Taiwan

（本書為《你快樂，所以你成功：史丹佛大學最重要的快樂心理課，打破6大慣性成功迷思，化快樂為生產力》之新版）